农政与发展研究丛书 ｜ 小 书 ｜ 新 作 ｜ 大思想 ｜

农政与发展研究丛书 ｜ 小 书 ｜ 新 作 ｜ 大思想 ｜

Peasants and the Art of Farming
A Chayanovian Manifesto

小农与农业的艺术
恰亚诺夫主义宣言

〔荷〕扬·杜威·范德普勒格（Jan Douwe van der Ploeg） 著

潘璐　　译
叶敬忠　　译校

社会科学文献出版社
SOCIAL SCIENCES ACADEMIC PRESS (CHINA)

丛书总序

国际农政研究会（Initiatives in Critical Agrarian Studies，ICAS）组织出版的"农政与发展研究丛书"属于"小书、新作、大思想"。其中每一部著作都是对某一特定的农政与发展主题的解读。它们源自这样一种考虑，即围绕某一特定主题，当前存在哪些主要的论点与争议？这些论点是如何出现的，又是怎么变化的，以后的走向如何？谁是这个领域的顶尖学者、思想家与政策实践者？有哪些重要的参考文献？为什么非政府组织成员、社会运动活动家、官方发展援助机构和非政府捐助机构、学生、学者、研究人员以及政策专家有必要了解书中讨论的问题？每一部著作都运用了不同国家、不同地区的真实案例，糅合了对理论和政策的讨论。

在丛书发轫之初，"农政变迁"这一宏大命题就吸引了来自五湖四海、各流各派的学者、活动家和发展实践者。"农政变迁",从广义上而言,是指一个土地—农村—农业的场域,这个场域并非独立于其他部门与地理范围而存在,而是与之有密切的关联,如工业与城市等。丛书在明显偏向于劳动阶级、偏向于穷人的立场之上,着重推动对"变迁"动力的理解。同时,丛书不仅希望帮助人们以不同的方式解释或再解释农政世界,而且希望改变这个世界。当代新自由主义全球化的过程使农政世界发生了重大转型,我们因此需要以新的方式来理解结构环境与制度环境,以新的视角来研究如何改变这些环境。

国际农政研究会是一个世界性的组织,由农政与发展研究领域内志同道合的学者、发展实践者和活动家组成。它是一个具有批判精神的学者、发展实践者和社会运动活动家共享的空间和平台。它提倡多元的、不同的思想在这里激烈交锋。它的成立是为了在学者、发展政策实践者和社会运动活动家之间建立联系,在南北、南南之间建立联系,在农业农村部门与工业城市部门之间建立联系,在专家与非专家之间建立联系。它提倡加强知识的共同生产与分享。它鼓励批判性思维,这意味着要审视惯有的假设与已有的命题,要构想、寻求并推出新的考问方式。它鼓励投身于研究和学术,强调研究与学术要对学界有益,要与社会关涉,更要站在穷人一边。

本丛书得到荷兰发展合作基金会(ICCO)的资金

支持，以多种语言出版。主编包括萨图尼诺·博拉斯
（Saturnino Borras）、露丝·霍尔（Ruth Hall）、马克斯·
斯波尔（Max Spoor）、亨利·费尔特迈尔（Henry Velt-
meyer）和叶敬忠。

| 前　言 |

　　扬·杜威·范德普勒格的这本《小农与农业的艺术》是国际农政研究会（ICAS）推出的"农政与发展研究丛书"的第二部，第一部是亨利·伯恩斯坦（Henry Bernstein）的《农政变迁的阶级动力》。范德普勒格的这本书是接续伯恩斯坦那本书的最佳选择。这两本书都肯定了政治经济分析视角在当下农政研究中的意义和重要性。该丛书的作者均具有世界大师级的水准，各部著作也都具有深度的政治关怀和高度的科学严谨。

　　这里要对"农政与发展研究丛书"进行简单介绍，这样可以让我们更加清楚地认识范德普勒格的这本书在国际农政研究会学术工程和政治理想中的重要意义。

　　今天，全球贫困问题在很大程度上发生在农村，农村贫困人口占世界总贫困人口的 3/4。因此，全球贫困以及消除全球贫困这一多维度议题（涉及经济、政治、

1

社会、文化、性别和环境等多方面）就与农村劳动人民的抗争紧紧地结合在一起。他们抗争的对象是不断制造和再生产农村贫困现状的体制，抗争的目的是获得可持续的生计。在此背景下，农村的发展成为了整体发展思考中的重要部分。然而，这并不意味着将农村问题与城市问题割裂开来。我们面临的挑战恰恰是如何更好地理解这些问题之间的关联，而新自由主义政策为农村贫困设计的脱贫之路，以及主流国际金融机构与发展机构为全球贫困之战投入的努力，只是简单地将农村贫困置换为城市贫困。

凭借身后财阀的资助，一些主流思想一直控制着农政研究活动的开展和成果的出版。诸多宣扬这些主流思想的机构（如世界银行）非常善于编写和推广那些政策导向的、通俗浅显的出版物，使之在全球范围四处传播，并借此对世界范围的农政研究颐指气使。世界顶尖学术机构中的一些批判思想家正以多种方式对这股主流趋势发起挑战，然而，他们的著述大多囿于学术圈之内，普通大众知晓甚少，影响力有限。

无论是在南方国家还是在北方国家，研究者（教师、学者和学生）、社会运动活动家和发展实践者都迫切需要带有批判视角的农政研究著作。这些著作除了应当具有科学严谨和政治关怀之外，还应该紧扣政策，明白易晓，且价格实惠。为了满足这一需求，国际农政研究会推出这套前沿性的著作。这些著作将围绕特定的农政与发展主题，研究和讨论与之相关的一些主要问题。

"农政与发展研究丛书"以多种语言出版。除英文版外，还有中文、西班牙文、葡萄牙文、印度尼西亚文、泰文、意大利文、日文、韩文和俄文等多种语言版本。中文版由中国农业大学人文与发展学院的叶敬忠负责翻译出版。西班牙文版由墨西哥萨卡特卡斯自治大学的劳尔·德尔加多·怀斯（Raúl Delgado Wise）、西班牙巴斯克地区的埃内·比什卡亚（Ehne Bizkaia）和玻利维亚铁拉基金会的贡萨洛·科尔克（Gonzalo Colque）负责。葡萄牙文版由巴西圣保罗州立大学的贝尔纳多·曼卡诺·费尔南德斯（Bernardo Mançano Fernandes）和巴西南大河州联邦大学的塞尔吉奥·施奈德（Sergio Schneider）负责。印度尼西亚文版由印度尼西亚加札马达大学的拉克希米·莎维德丽（Laksmi Savitri）负责。泰文版由泰国清迈大学的查央·瓦达纳普提（Chayan Vaddhana-phuti）负责。意大利文版由意大利卡拉布里亚大学的亚历山德拉·科拉多（Alessandra Corrado）负责。日文版由日本京都大学的久野秀二（Shuji Hisano）、近畿大学的池上甲一（Koichi Ikegami）和明治学院大学的舩田·克莱森·萨雅卡（Sayaka Funada-Classen）负责。韩文版由韩国农业与农民政策研究所的宋元撰（Wonkyu Song）负责。俄文版由俄罗斯联邦总统国民经济与国家行政学院的提奥多·沙宁（Teodor Shanin）和亚历山大·尼库林（Alexander Nikulin）负责。

　　鉴于本丛书的背景和目标，我们非常荣幸能够将亨利·伯恩斯坦的著作和扬·杜威·范德普勒格的著作作为这一系列的前两部推出。这两部著作真是一个完美的组合，非常契合丛书的主题，可读性强，观点中肯且行文严谨。我们欢欣满溢，对本丛书的光明前景充满信心！

萨图尼诺·博拉斯

露丝·霍尔

马克斯·斯波尔

亨利·费尔特迈尔

叶敬忠

2013 年 2 月

谨以此书献给我的祖父扬·杜威（Jan Douwe）和外祖父福克（Fokke），是他们培养了我格物致知的精神！

| 致　谢 |

　　我要感谢世界各地的农民，他们来自秘鲁的卡塔考斯（Catacaos）、安塔班巴（Antapampa）和卢卡多尔（Lucha-dores），哥伦比亚的瓜尔内（Guarne）、阿尔及利亚（Argelia）、松松（Sonson）和乔科（Choco），几内亚比绍的布巴（Buba）和通巴利（Tombali），意大利的雷焦–艾米利亚（Reggio Emilia）、帕尔马（Parma）、坎帕尼亚（Campania）和翁布里亚（Umbria），莫桑比克的纳米亚洛（Namialo），南非的姆通济尼（Mtunzini）和恩潘盖尼（Empageni），葡萄牙的德拉什乌什蒙特什（Tras-os-Montes），巴西的隆德里纳（Londrina）和两兄弟山（Dois Irmaos），中国的桑岗村，特别是荷兰的弗里斯兰（Fryslan）和荷兰其他地区。每一位农民都让我学到很多知识和经验。如果这本书未能准确表述出他们的思考、实践和梦想，责任完全在我。

　　我要感谢萨图尼诺·博拉斯，是他的邀请使我开始了本书的写作。感谢叶敬忠每年都为我和他以及萨图尼诺·博拉斯、亨利·伯恩斯坦等很多学者创造很多重要的互动交流的机会。这些互动交流给了我写作这本小书的勇气。这本书讨论的是一个宏大的主题，它需要被不断地言说和讨论，它的重要意义从未式微。我要感谢尼克·帕罗特（Nick Parrott）对本书的精心编辑。

　　我要感谢加拿大弗恩伍德出版社工作人员为本书的出版工作所做的努力，他们是负责出版的埃罗尔·夏普（Errol Sharpe），负责审稿的玛丽安娜·沃德（Marianne Ward），负责版式设计的布伦达·康罗伊（Brenda Conroy），负责封面设计的约翰·范德沃德（John van der Woude），负责印刷调度的贝弗利·拉什（Beverley Rach），以及负责推广的南希·马利克（Nancy Malek）。他们的工作极为出色。

目 录

| 第一章 |

小农与社会转型

关于农民问题，激进左派内部一直存在重大分歧。尽管在政治与学术论辩、新型社会运动和社会现实中的某些方面出现了分歧趋于弥合的少许迹象，但在很多方面，分歧依然显著存在，且没有多大缓解。但是，这种重大分歧渐渐变得不再那么重要（这也代表了解决分歧的一种方式，尤其是在面对政治分歧的时候）。过往的论争已渐行渐远，因为全球许多地方正在经历新的发展洗礼，而这些新的发展无疑已经超越以往关于农民论辩的范畴。

回顾历史，农民问题引发的主要论争与两位重要人物密不可分，他们是弗拉基米尔·列宁（Vladimir Lenin）和亚历山大·恰亚诺夫（Alexander Chayanov）。他们在20世纪初的激烈论辩反映了俄国社会潜伏已久的不同利益群体与国家前途之间的矛盾，这一矛盾在 1917 年十月革命之后迅速涌到台前。当时的俄国仍是一个农业国家，工业只占国民经济的很小比重，农民的数量远远超过产业工人。尽管乡村也出现了资本主义农场企业（且其重要性引发激烈争议），但农民仍然是乡村生活的主体，农民社区的生产活动支控着大部分俄国人的日常生活消费。列宁（以及布尔什维克主义者）和恰亚诺夫（及其代表的俄国民粹派，*narodniki*[1]）对这一社会现实有着不同的理解，他们对不同社会群体（尤其是小农阶级）的作用持不同的立场，从而对俄国社会的未来产生了激烈的论争。

起初，论争的分水岭集中在几个紧密关联的主题上。最重要的论争主题包括三个方面。首先是小农阶级地位的界定，这个问题直接关系到具体的革命实践，例如工农联盟的性质以及不同群体在革命过程中可能发挥的作用。其次是小农生产形式（或模式）的稳固性问题，这引发了诸多论争（参见 Bernstein 2009）。小农是否必然是分散的，或他们能够随着时间的推移而实现自身的重构，又或者会出现小农消亡与小农重构共存的过程？最后是小农农业的问题。社会主义应该发展小农农业还是改造它？小农农业模式能够为食物生产和社会整体发展做出重要贡献、带来光辉前景吗？其他农业生产形式，如大型国有合作社（无论是苏联的集体农庄、人民公社

还是其他形式）是否更具优越性？小农阶级是社会变革
的障碍吗？它势必会阻碍社会向那些被假定为更高级的
社会形态转变吗？又或者它会成为乡村社会转型的重要
推动力吗？

放在 21 世纪之初的今天来看，他们论争的很多问题
似乎太过时了，尤其是这些问题也仅仅针对 1917 年之后
的俄国社会。然而，我们必须考虑到以下几个方面的
情况。

（1）这场论争绝非仅限于俄国。当时论争的主要参
与者也参考了其他国家的经验，并试图将这些国家的经
验纳入他们的分析之中。这些国家包括美国、德国（尤
其是普鲁士）、瑞士、捷克斯洛伐克、意大利、荷兰、比
利时和卢森堡等。此后，这场论争迅速自东向西、由北
到南波及全球。当一个新的政权上台或政权发生重大变
更时，一个普遍的问题是社会主义（或者更笼统地说，
一个更好的社会形态）能否依靠凸显小农在农村发展过
程中的重要地位实现。这个问题得到强烈回应和肯定，
尤其是在墨西哥、中国、古巴和越南这样的小农阶级冲
在革命斗争最前沿的国家（Wolf 1969）。在这些国家，
论争又转向另一个重要的具体问题：土地改革应该如何
进行？这绝不是停留在理论层面的抽象问题，而是 20 世
纪 30 年代墨西哥最迫切需要解决的问题，也是意大利在
第二次世界大战结束后着手解决的迫切问题。在 1974 年

3

的葡萄牙和随后不久的安哥拉、莫桑比克和几内亚比绍，
在卡斯特罗革命之后和 21 世纪之初的古巴，在 20 世纪
40 年代后半期和 1978 年之后的中国，土地改革如何进
行都是一个核心问题。在越南，同样的论争出现在 1954
年和 1986 年"革新开放政策"（Doi Moi）出台时期。
在日本，围绕土地改革的论争始于第二次世界大战之后
并从未离开过政治议程。在菲律宾，土地改革是 20 世纪
50 年代的主要议题，于 1986 年总统选举时被再度提出，
并在 1988 年阿基诺总统实施改革前后被强化。拉丁美洲
也出现过类似的论争，尽管不同时期论争的焦点常常不
同（例如巴西的农民联盟运动和秘鲁的激进土地改革），
但最终这场论争覆盖了整个拉美大陆，并推动形成了今
天的拉美农业格局。席卷拉美大陆的众多土地改革行动，
可以被视作持恰亚诺夫主义立场的小农主义者和持列宁
主义立场的去小农主义者之间的斗争。由此可见，1917
年俄国首次出现的这一论争在不同国家不断上演。用凯
尔布莱（Kerblay 1966：xxxvi）的话说："列宁……要求
立即没收大庄园主的土地，并将包括小农在内的所有持
有者的土地收归国有，而土地改革联盟（恰亚诺夫是该
组织的执行委员会成员）则建议将所有的土地分配给小
农户。"

围绕小农社区的潜在作用，同样的论争再次爆发，尽
管使用的措辞略有不同。俄国的农民村社组织米尔（mir）

是理解俄国激进政治运动的重要参考。在其他地方，这类小农社区在社会转型过程中的潜在作用也得到认可。例如，拉美杰出的激进思想家、共产主义运动领袖何塞·卡洛斯·马里亚特吉（José Carlos Mariátegui）指出，"小农社区蕴含着推动发展与转型的有效力量"（1928：87）。

（2）这场论争绝非仅限于农业问题。论争还扩展到许多新的问题。例如，在秘鲁，它演变成了"印第安人问题"，那些讲着土著哥查语（Quecha）和艾马拉语（Aymara）的印第安人在安第斯山麓放牧，却受到严重的歧视、剥削与压迫。马里亚特吉巧妙地将"印第安人问题"与"农政问题"（agrarian question）相联系，指出土著人口受到的多方面排斥以及他们的从属地位只有通过农村生产关系的根本性变革才能解决。无独有偶，安东尼奥·葛兰西（Antonio Gramsci）也将意大利的"南方问题"（意大利南部的大土地所有制对社会发展形成扼颈之势，逐渐成为整个意大利的沉重负担）与"农政问题"相联系。1920年意大利都灵的工人起义也更加清晰地表明，只要"工人孤军反抗，他们就必定失败，除非他们与农村人口联合起来，而且他们原本就通过家庭的多重纽带与农村人口紧密相连"（Lawner 1975：28）[2]。多年后，农民问题又一个类似的引申物出现在了中国："三农"政策将农民问题与农业生产和乡村生活的魅力联系在了一起（Ye et al. 2010）。

　　围绕小农阶级的论争还延伸到农业对社会整体发展的贡献这一问题上[3]。为了实现工业部门的资本积累并为其提供廉价劳动力，农业常常受到严重挤压。但也有人指出其他的可能性。一个繁荣的乡村（与受挤压的农业恰恰相反）极可能成为有吸引力的国内市场，从而为工业化提供有力支持（Kay 2009）。此后出现的是关于可持续性的另一个论争。有趣的是，这场论争的最初发起者都旗帜鲜明地秉持恰亚诺夫传统，如弗里斯（Vries 1948）。今天，关于可持续性实现路径的任何讨论都必然会涉及对小农阶级作用的辩论。另一个时常出现的论争是关于贫困的（参见 IFAD 2010）。可悲的是，全球贫困人口数量持续增加，2010 年已升至约 14 亿人。尤为重要的是，世界贫困人口中有 70% 是农村人口，他们生活在乡村且通常以农业生产为生。食物短缺成为贫困人口面临的突出问题，预计 2050 年全球人口到达顶峰时，世界食物生产要翻一番才能满足需求。然而，不管是短期的食物短缺还是对农业增长的长期需求，都没有为农村贫困人口带来机遇。相反，它引发了新一轮的公司投资热潮（最明显的体现就是土地攫取），且进一步破坏和削弱了大量农村居民的生计。

　　（3）这场论争绝非仅限于激进左派。最初论争的问题和后来延伸出的论辩领域都并非仅仅关系到激进左派，其他的政治流派，包括体制化的学术领域，都必须正视这些问题并做出回应。他们在面对这些问题时出现了重大分歧，谁也无法解决这些相关的论争。由于在主要概念和关键领域方面都不够深入，且忽视了恰亚诺夫的巨大贡献，包括农业经济学、发展经济学、农村社会学和农民研究在内的专业学科以及像世界银行和联合国粮农组织这样的国际组织都未能对问题的解决做出明显的贡献（Shanin 1986，2009）。有些学者虽提出某些具体方案，如宣称小农阶级已经消亡，但并无助益。

本书的目的不是对这场历史论争进行全面重构，也不是装作事后诸葛般来解决当时的论争，而是总结提炼恰亚诺夫理论的精髓，并将其与当下众多新型农村发展行动中的核心议题相联系。

恰亚诺夫理论的核心基于这样一个观察，即尽管小农生产受到外在资本主义环境的制约和影响，但它并未受到资本主义体系的直接操控，而是通过一系列平衡关系进入资本主义体系。这些平衡关系以复杂而独特的方式将小农生产以及它的运作与发展和更宏观的资本主义体系联系在一起。这些平衡是一种基础性的指导原则，形塑并重塑着农业生产方式与生产关系，包括农田的耕作、牲畜的饲养、灌溉的运行乃至身份的呈现和关系的形成等。这些平衡关系的范围与复杂性被不断地调整，从而造就了小农农业引人注目的异质性和持久的模糊性。一方面，小农受到欺压和误解；另一方面，小农又是自豪的、不可或缺的。小农阶级既遭受苦难又勇于反抗，这两种境遇有时次第出现，有时则同时发生。类似的困惑和矛盾也适用于农业整体，去小农化和再小农化的过程与阶段在农业中交替出现。所有这些都可以溯源到不同平衡关系之间的复杂互动以及不同主体（包括小农及其家庭、社区、利益群体、商人、银行、国家机器、农业企业等）对每个平衡关系的塑造与重组。

恰亚诺夫关注的是两类平衡关系——劳动—消费平衡（labour-consumption balance）和辛苦—效用平衡（drudgery-utility balance）。每个小农农场都会以一种独有的方式实现平衡，满足小农家庭的生存需求与发展愿景。这些平衡关系将互不兼容而又有着必然联系的事物（如劳动和消费）结合在一起。于是，这些平衡就构成了"相互关系"（mutual relationship）（Chayanov 1966：102）。在此基础上，我会讨论更广泛的平衡关系，有些平衡关系存在于当下的小农农场内部，有些平衡关系则在广泛意义上将小农农业与外部环境相联系。通过本书的写作，我希望拓展恰亚诺夫的理论和分析方法，亦即超越恰亚诺夫理论内在的诸多时空局限性（恰亚诺夫自己也充分意识到这些局限性）[4]，揭示当下小农农业中作为基本原则而存在的平衡关系。我将试图阐明小农农业对于应对当下人类面对的重大挑战所具有的潜在贡献，这种应对能力在很大程度上取决于不同平衡关系间的充分协调——至少，小农阶级需要获得或占领足够的"空间"（Halamska 2004）。

农民研究在过去一个世纪的演进中积累了丰富的研究传统，揭示了农民经济与小农农业的诸多平衡关系。恰亚诺夫在其《社会农学》（Chayanov 1924：6）一书中提到"农业的艺术"（the art of farming）[5]这一表述。我所要展示的是，农业的艺术正是取决于这些交互的平衡之间巧妙的协调与交织（Chayanov 1966：80，81，198，203）。正如迪尔克·勒普（Dirk Roep 2000）在论述世纪之交的荷兰小农农场运作时指出的[6]，小农农场借助这些协调关系成为一个"有机整体"。我也会努力证明，这些不断调整的平衡关系当然不是静态停滞的，而是动态变化的，只要不受其他关系和环境的阻碍，它们就会将小农阶级的解放愿景转化为持续的农业进步和农村发展。最后，我想要论证的是，不同平衡之间的协调与交织并没有将小农农场与其所处的政治经济环境相隔绝。相反，它使小农农场与环境相联系，同时又使二者保持距离。每一个平衡关系都是由一系列不可通约而又必须紧密结合的事物构成的统一体。因此，我们需要找到可能实现的最佳均衡（equilibrium）。这往往意味着权衡、折中与摩擦。实现一种平衡并试图对其进行重新调整（如果需要的话），往往会引发甚至加剧社会冲突。尤其是，当我们考虑到多种形式的社会冲突时，这一点更加确凿无疑。所有这些不同的平衡共同构成了一套复杂的

小农与农业的艺术

思维系统：

> 它依赖两个基本原则：二元论与相对论。二元论认为对立的事物既能够加以划分又能够保持互补。例如，安第斯山的所有领地可以分为高地和低地，土壤也相应地有冷、暖之分。但是，如果按照相对论原则，这些对立事物就失去了绝对分界。例如，如果农民将高地作为认知的参照点，那高地也就变低了。这在外来者看来显然是逻辑混乱的，但对农民来说则是将对立的价值顺畅地融为一体。他们的参照点其实是中间值。（Salas and Tilmann 1990：9 – 10）

农业的艺术在很大程度上取决于如何运用好的判断力去评估不同的平衡。"可以肯定的是，农业的艺术在于对小农农场中的众多独特性元素进行最恰当的利用"（Chayanov 1924：6）。这些独特性元素被视为平衡关系中的一部分加以管理，它们组合在一起实现了一种均衡。例如，可用的土地、牲畜的数量、可用的劳动力数量、储蓄与投资等要素构成了一个有机整体。一个平衡就是一套调节系统（类似恒温器）。它不断记录相关信息（如室内温度），并对这些信息做出恰当的应对和反应（如升温、降温、延缓或直接切断供热）。值得注意的是，在对这些平衡的讨论中，恰亚诺夫首要考虑的是小农家庭的特征（以及一般意义上的兴趣、经历与愿景）。
当谈及劳动与消费的平衡时，我们谈的并不是抽象的消费，而是一个特定家庭的具体的消费需求。对劳动的讨论也是如此，它指的是一个处于特定情境的特定小农家庭能够并乐意动用的劳动力数量与质量。最终，这使家庭成为一个有着独特特征（如劳动与消费的比率，下文将进一步讨论）的具体系统。但是，调整或重新调整这些不同平衡关系的主动权在小农手中。

我们可以进一步借用恒温器这个比喻来阐述恰亚诺夫式平衡的独特性。首先，一个恒温器被设定之后，它只对客观数据（如室内温度）产生反应，不存在任何进行谈判或主观评价的空间。恰亚诺夫式平衡则考虑了介入其中的行动者自身对一些具体因素的感知方式（如屋子里的人对室内温度的反应）。这远比处理客观数据要复杂得多。其次，恒温器是一个全自动装置，在无人在场或无人干预的情况下依然可以运转。而恰亚诺夫式平衡需要由一个行动者（或一群行动者）来运作，也就是深谙农业的匠人。最后，恒温器准确无误、不折不扣地按照一套提前置入的算法进行线性操作。它无法产生多元性。例如，周一早上的 18 摄氏度和周三晚上的 18 摄氏度是完全一样的。但是，在实现恰亚诺夫式平衡时，行动者的操作规则往往来源于他们所在社区或职业群体的文化传统。这些规则蕴含着行动者对具体情境的主动

11

理解和充分利用。小农对规则的理解和利用不是机械式的或一一对应的，小农农业中也不存在简单的数学应用。这是小农农业创造多元性的原因之一，也是农民之间常常产生争执的原因之一。

总之，恰亚诺夫式平衡充分考虑了单个小农家庭和小农农场的具体情境。因此，这些平衡关系是因人而异的，绝不是自动装置。一个平衡的运转（也就是将其应用于一个具体情境中，来获得解决方案）需要依靠行动者去理解规则和情境，并做出恰当的决定。这就产生了性别关系这一关键问题。恰亚诺夫最初的著述中并未涵盖这一内容。然而，20 世纪 80 年代以来，性别关系这一领域出现了很多开拓性的研究（参见 Rooij 1994；Agarwal 1997）。除性别关系外，家庭内部关系也将日益对农业的未来发展起到决定性作用，这涉及代际更替，尤其是年轻人在农业中的前景。这一领域仍有待深入研究（White 2011；Savarese 2012）。

本书中讨论的很多平衡，涉及小农单元与外部环境之间的关系（既有直接关系，也有间接关系）。外部环境往往对小农单元施以负面影响。因此，对相关平衡的调节就变得极为微妙。不仅小农家庭在努力寻求可能实现的最佳均衡，外部行动者（如农业企业、银行、贸易公司、零售商、技术员和推广专家）也在进行积极干预，力图以迎合自己逻辑目的的方式重新调整不同平衡，而不顾对小农生产者可能造成的伤害。因此，我们要讨论的平衡关系大多是这种对抗关系的产物和表征。它们是不同利益群体的代理人相互遭遇、斗争、结盟或谈判的竞技场。在诸多相互关联的权衡取舍关系中调节出来一个精确的均衡（或者用恰亚诺夫的术语——"平衡"）状态，是广泛意义上的抗争的一部分。对不同平衡关系的讨论也清楚地表明，小农抗争并不局限于街头抗议、占领首都中央广场或在麦当劳快餐店纵火，还体现在改良农田或修建公共灌溉系统的行动上。

恰亚诺夫式平衡构成了农业的核心并调节着农业活动。在特定的时空背景中，它们形塑并重塑了农田的布局与地力、畜群的数量与种类、作物和牲畜的产量等。简言之，"小农农场的组织计划"（Chayanov 1966：118）及其具体实施受到不同平衡关系的调节。在丰沃的农田上，"精心积造的"农家肥、收成累累的庄稼和繁殖力强的小母牛都是农业艺术的生动体现。而掌握这些不同的平衡关系，对其进行调适甚至是创造性地将不同平衡关系结合起来，构成了这门艺术的核心[7]。这些平衡关系是艺术家创造杰作所使用的工具。

但是，对平衡关系的运用并不仅仅限于农场。小农家庭利用不同平衡，将他们的利益、追求和希望转化成一套行动的脚本。这套脚本同样指明了农场未来的发展方式、农场在市场和村庄会议中的参与方式等。

　　小农往往希望实现一种均衡，使农场的组织、运作与发展远离市场的直接操控，从而保护（哪怕只是部分地保护）生产单元、小农家庭以及他们的社区免遭各种潜在的市场风险。因此，这些转化为均衡的平衡关系可以被理解为波兰尼所说的"反市场装置"（anti-market device）：无论何时何地，它们都会帮助小农和小农农业摆脱市场关系的操控。可见，通过干预行动矫正出现在经济、生态和社会之间的重大失衡不只是国家的行动目标，对农业发展进行"干预"、使其驶离唯经济至上的轨道，也是社会（也就是小农阶级）的行动目标。小农阶级通过掌握不同平衡关系并对其进行调适来实现这一目标。他们对不同平衡关系的积极控制，使农业成为一个高效生产、提供就业、创造自主性和自我管理的系统，这样的农业远比仅由市场和劳资关系控制的农业富有希望。

小农理论的政治意义

　　关于小农与小农农业的历史论争，并不是过时的或与当下不再相关的。这些论争反映并关系到构建社会发展和物质进步的不同路径。论争中所涉及的基本困境在当今世界依然存在，甚至比以前更加严重。例如，马佐耶和胡达尔（Mazoyer and Roudart 2006）认为，如果不解决大量农村人口面临的大规模贫困问题，资本主义的一般性经济危机就无法避免。恰亚诺夫的核心观点也是如此。保罗·达伦伯杰（Paul Durrenberger 1984：1）曾经追问："为什么我们在 50 多年后仍然要关注恰亚诺夫的研究？"他的解释在今天看来依然合理："最简单的答案就是，恰亚诺夫建立了一套关于小农农场经济学和农户生产单元的分析框架，无论时空如何变换，只要小农农场和农户生产依然存在，他的理论就是有价值的。"（Durrenberger 1984：1）

最初的历史论争在当时推动了激进左派的出现。而在 100 多年后，重新思考"农业的艺术"之所以依然重要，至少有五个方面的原因。

第一，存在一种认识论上的原因。莫图拉（Mottura 1988：7）在一篇介绍恰亚诺夫的文章中曾指出，过去和当下的社会对小农阶级的认识大致存在两种立场。一种是盲目的信仰（就像过去的民粹主义和当下"站在农民一边"的立场），另一种则是彻底的憎恶。在这二者之间不存在批判性的立场，更无批判性的理论。正如我在《新小农阶级》（2008）一书中试图论述的，小农农业是一种没有某一固定理论的实践。霸权思维傲然无视小农阶级与小农农业模式，同时也体现了对小农阶级与小农农业模式的无知。现代社会以信仰或憎恶的二元对立对待小农现实，使小农现实成了令人不安的、尴尬的现象。

恰亚诺夫是一个例外。他坚信我们是可以对小农阶级进行深入理解的，甚至有可能建立一种理解小农阶级的切实可行的批判理论。我们可以用几个关键词来概括恰亚诺夫与俄国小农阶级的关系。但最重要的关键词还是"好奇心"，是一种实证的好奇心：小农阶级的发展动力是什么，小农农业蕴含着哪些潜力，小农阶级的发展动力与小农农业的潜力有什么关联，小农阶级和小农农业对整体社会有什么贡献[8]？显然，恰亚诺夫试图从小农阶级的内部寻找答案——小农阶级和小农农业不是被"一般规律"从外部控制和决定的。因此，对小农阶级的动力进行实证探究是建立合理理论阐释的必要前提。与好奇心相伴随的是恰亚诺夫身上的其他关键品质：学术严谨、深入参与和美好希望。

将好奇心转化为扎实的经验研究，促使此后的几十年间恰亚诺夫的立场得到持续不断的再呈现和再创造。直到后来，很多与小农阶级联系紧密的研究者和知识分子才发现恰亚诺夫最初的研究工作有多么重要的价值和作用，于是形成了我们今天所说的恰亚诺夫理论。

第二，今天的世界正在经历大规模的再小农化过程（尽管地区间差异较大）。中国、越南和其他东南亚国家小规模家庭农场的"复归"，正是再小农化过程的鲜明例证。超过 2.5 亿个小农农场重新出现在中国大地上，使中国成为农民研究的"学术金矿"（Deng 2009：13）。

另一个令人瞩目的再小农化过程出现在巴西，成千上万的贫困人口（主要是来自贫民窟生活凄惨的人群）向农村地区的大规模迁移扭转了自 20 世纪 70 年代军政府时期开始的乡村人口外流局面。他们占据了大量土地，在经过漫长而艰难的斗争之后最终将其转变为众多新型小农单元。根据巴西最近两次全国普查的结果（1995—1996 年和 2006 年），小土地持有者的数量在两次普查间增加了约 40 万，这意味着农场总数增加了 10%（MDA 2009）。这些新增加的小农农场占地面积约为 3200 万公顷，"相当于瑞士、葡萄牙、比利时、丹麦和荷兰农业用地面积的总和"（Cassel 2007）。欧洲也出现了再小农化现象，我会在第六章详细介绍。

第三，一种新型的、充满豪情与力量的运动正在国际舞台上涌现，它被称为"跨国农政运动"（Transnational Agrarian Movement，TAM）（Borras et al. 2008），如"农民之路"（La Vía Campesina）。这些运动的发展与非政府组织、联合国系统的国际组织对农民问题的日益关注相一致（跨国农政运动无疑也进一步激发了后者）。《小农归来》（Les paysans son de retour）是佩雷斯－比托里亚（Pérez-Vitoria）2005 年出版的一本著作。小农的确回来了，无论是在实践中还是在政策里。

第四，越来越多的人认识到，小农农业在应对威胁人类未来生存的很多新的稀缺性方面（食物、水、能源、生产性就业等）具有重要作用（我会在第五章详细论述）。小农农业在减缓气候变化方面也能发挥作用，正如"农民之路"指出的，小农农业具有给地球"降温"的效果，而不会给地球"增温"。在经济危机和金融危机方面也是如此，小农农业极大地缓解了市场波动。小农农业因为具有可持续性的粮食生产形式而脱颖而出。

第五，我们必须考虑到，过去几十年，激进理论已经超越工业资本主义初创和全盛时期所形成的理论分类。曾经传统意义上的无产阶级已经散落为众多类型的"劳工阶级"（classes of labour）（Bernstein 2010a）。传统的工厂也不再是产生劳资冲突的主要场所。劳资的对立现在常常以新的不同形式出现在很多地方（Hardt and Negri 2004）。那些试图认真阐释这些变化的政治理论（例如，Harvey 2010；Holloway 2002，2010）建立了新的分析方法，为古老的议题带来新的甚至是意想不到的分析视角。

这些新近出现的分析方法不仅强调了恰亚诺夫最初研究的意义（尽管是间接地强调），还做出更深入的阐释。通过将恰亚诺夫的研究以及之后很多遵循恰亚诺夫传统的研究与这些新的政治理论视角相结合，我们能够更好地理解当今世界发生的许多乡村抗争。我们认识到，新的乡村社会运动正在努力改变世界。

在此部分，我简单提及三个概念（在第六章会详细解释）。第一个概念是"大众"。当下世界上的小农阶级就是大众。他们掌握了逃避统治的艺术（Scott 2009；还可参见 Mendras 1987），他们高度异质。驱动他们劳动过程的力量远远超越了市场逻辑：自然、社会和文化传统都是重要的基本原则（全书的讨论都会就此展开）。他们抵制把完整的生产过程分解成不同任务碎片的做法，并努力矫正已经外部化的碎片任务。他们创造了"公共资源"，这是第二个重要概念[9]。就像巴西的公地、拉丁美洲和非洲常见的共享种子库、中国的灌溉设施、欧洲的新型城乡关系以及遍布全球的新建立的巢状市场等，公共资源在生产实践中具有重要作用，并成为公司资本潜在的有力替代。第三个概念是"裂隙"，也就是对立出现的地方。裂隙是全球体系中的裂痕，是大规模的排斥过程导致的结构洞，是国家机器无法用正式制度进行管制的空白地带。有些裂隙刚刚出现，有些则是我们置身其中的矛盾混乱的社会现实主动制造出来的。

小农家庭正是在一系列裂隙的交汇处运转。小农家庭使用的劳动不是雇佣劳动。尽管资本试图构建和实施复杂的深层渗透机制来控制小农劳动，但小农劳动并没有直接从属于资本。通过对小农农场背后的诸多平衡关系进行积极的、明智的调整，很多小农能够使自己农场的运转和发展远离"资本的逻辑"。言下之意，他们创造了裂隙。他们逐渐与在其他裂隙中进行创造和运转的小农建立相互联系，这也常常导致了新的社会运动出现。

更笼统地说，裂隙是持续斗争的场所，是激发抗争的摇篮，有时也是铸造替代资本主义生产方式的发源地。它们是大众聚合、生产并再生产出奇特性的地方。我会在第六章详细论述这些问题。

小农农业与资本主义

恰亚诺夫十分清楚地表明，小农农场"存在于一个由资本主义生产关系支配的经济之中；它作为小商品生产者被纳入商品生产中，按照资本主义商品生产设定的价格进行购买和销售，它的流通资本可能就是银行贷款"（Chayanov 1966：222）。"每个小农通过这些联系成为世界经济中的一分子，经历着世界整体经济产生的影响，小农生产的组织受到资本主义世界经济需求强有力的操控。反过来，每个小农也和数以百万与其相似的小农一道影响着整个世界经济体系。"（Chayanov 1966：258）

简言之，小农农场是资本主义体系的一部分。然而，不可否认，小农农场是从属部分（Chayanov 1966：257），它本身不是资本主义生产单元，它常常以一种非常有别于资本主义农场企业的方式管理和运作。

小农农场的组织方式不同于资本主义企业，它不是以资本家与雇佣劳动者之间的关系为基础。在小农农场中，劳动并非雇佣劳动，资本也不是马克思主义意义上的资本（也就是说，它不是需要生产出剩余价值，再用于投资以生产出更多剩余价值的资本）。在小农农场中，"资本"是可利用的工具、设施、动物和储蓄。但是，这种"资本"绝不是像考茨基（Kautsky 1974：65）所理解的"一种生产剩余价值的价值"。建筑设施、生产设备等都是用来促进和改善劳动过程的手段（参见文框5－1）。资本—雇佣劳动关系的缺席使这些特殊的农业生产单元成为小农农场。这是恰亚诺夫理论对小农农场进行界定的关键因素。

小农农场独特的内在结构意味着它往往以迥异于资本主义农场企业的方式运作，恰恰是这一差异具有重要意义。用恰亚诺夫的话说，"小农农场在资本主义农场止步的地方持续生产"（Chayanov 1966：89）。索纳（Thorner 1966：xviii）说道："在资本主义农场可能破产的情况下，小农家庭可以工作时间更长、销售价格更低、没有剩余可得，却又能年复一年维续农业。基于这些原因，恰亚诺夫得出结论：小农家庭相对于大规模资本主义农场的竞争力远远超出马克思、考茨基、列宁和他们后继者的预见。"马里亚特吉（Mariátegui 1928：103）强化了这一观点："我们身边随处可见，大土地所有者感兴趣的实际上并不是土地的生产率，而是它的利润率。"

小农农业是资本主义的一部分，但它是不安的一部分：它产生裂隙与摩擦；它酝酿反抗，创造替代方案，

它对支配模式进行持久的批判；它游刃于资本主义所不
能及之处。小农农业是"厌氧的"（Paz 2006），若没有
利润的"氧气"，小农农业仍能生存，公司农业则难以
苟活。置身于资本主义之中也意味着农场生活并不安逸。
一些主要矛盾通过平衡关系渗入小农农场中。因此，就
如同小农阶级整体存在矛盾一样，小农家庭内部也存在
冲突与斗争。

所有这些都意味着，我们不仅有可能将政治经济学
的分析（关注社会结构及其对小农农场的影响）和恰亚
诺夫主义的分析（理解具体的影响以及小农的应对过
程）相结合——正如利特尔（Little 1989）的雄辩阐述那
样，而且常常也必须加以结合。这种结合的目的不是辨
析二者的毫厘之差和想象的不兼容性，而是使它们融合
成为一个有力的理论工具。

本书摒弃将小农阶级视为一种只存在于过去和边陲
地带的现象这一主流认识，也否认西方的农业现代化已
经将小农农业模式清除出局。诚然，小农社会已经消失，
一种以企业模型为基础的新的农业方式业已出现（这种
模型对农业中的很多主要平衡关系进行了彻底重组）。
但是，在新环境下对自身进行调整之后，小农农业方式
依然继续，并且自 20 世纪 90 年代初期以来得到恢复、
强化和扩展。总之，小农农业经历了一场复兴。世界各
地的很多农民——我用"农民"（farmer）一词来泛指很

多不同类型的事农者——在继续或重新以小农的方式进行生产。他们以不同的方式进行小农式生产，以此来应对 21 世纪初期的窘迫处境、困难和机遇。

小农阶级并非铁板一块，如拉丁美洲和欧洲西北部的小农就相差极大。任何试图将他们归为"小农"这一单一分析类型的尝试，都会立即招致质疑——"他们有何共同之处？"伯恩斯坦（Bernstein 2010a：112）进而发问，"是否存在一个共同的与资本的关系？"我认为，小农具有相对于公司资本的某种相同的存在境地，从而形成为追求共同利益而采取集体行动的共同基础。这一论点为我们将所有小农归为单一分析主体提供了合理而可靠的依据（可参见 Bernstein 2010b：308）。

恰亚诺夫的天才之路

我无意为恰亚诺夫立传，很多前人已经做了（Kerblay 1966；Sperotto 1988；Sevilla Guzman 1990；Danilov 1991；Abramovay 1998；Shanin 2009；Wanderley 2009），他们介绍之周详让我望尘莫及。但是，我想强调的是，恰亚诺夫的天才并非来自神启。他就像每个人（特别是我们当中的那些天才）一样，是时势环境的产物。

首先，广袤而高度多元的俄国乡村、19 世纪中叶的经济萧条、数量众多的小农村社（米尔社区）以及视小农阶级为俄国未来社会根基和建设者的激进政治运动（主要来自俄国民粹派，塞维利亚·古兹曼和冈萨雷斯·德莫利纳对这些运动和计划进行了简要概括）（Sevilla Guzman and González de Molina 2005），这一切构成了当时独特的历史背景。恰亚诺夫对此背景再熟悉不过。在日常工作的频繁接触中，他开始了解小农生活。这一点在他的《社会农学》一书中有很多例证，遗憾的是这本书仅有德文版本，并未被世人熟知。他以另一种方式来认识小农农业及其动力，这种方式在当时看来是比较独特的。

其次，恰亚诺夫能够使用一个独特的数据库资料，也就是俄国地方自治局（zemstvo）统计数据。为《农民经济组织》第一版德文译本作序的奥哈根（Auhagen 1923：1）写道："我不知道还有哪个国家像俄国这样拥有一个如此丰富的农业数据库。"我非常自豪地猜测，恰亚诺夫应该注意到卡尔·马克思也曾流露出对俄国地方自治局统计数据的羡慕和浓厚兴趣（Chayanov 1923：7）。有了这些丰富的数据，才可能对实证模型进行探索和分析，从而发现不同平衡关系的运作。结合对业已成熟的统计分析方法的运用，这些统计材料为恰亚诺夫的理论创造提供了一个绝佳机会。

最后，恰亚诺夫的优势在于他工作和生活在 1917 年布尔什维克革命之后的转型时期，尽管这个优势最终为他带来致命的后果。他被捕入狱，在经历了走过场式的审判之后死于古拉格群岛（Gulag archipelago）。然而，在这些悲剧性事件成为苏联社会的系统性特征之前，后革命时期的俄国是一个蕴育不同思想观点的大熔炉，农村变迁的广阔前景也成为社会广泛讨论的一个话题。恰亚诺夫在不同层面参与了讨论，并对这些社会运动持非常乐观的态度。

在那个时代，这三个因素共同构成了一个独特的社会环境，并被恰亚诺夫转化为至少三条主要的、在当时看来绝对是新颖的学术理路：

（1）小农农业理论。该理论首次尝试阐述个体小农农场及小农农业整体的动态过程。这一微观理论与宏观层面更一般性的讨论相结合。这种宏观讨论使用了"孤立国"（或者"孤岛"）这一隐喻，强烈地暗示了对国内市场进行恰当调控的重要性，尤其是在进行国际贸易的时候。恰亚诺夫还发展出一套关于小农农业如何在未来的繁荣社会中运行的乌托邦观点。1920年，他以"伊万·克列姆涅夫"（Ivan Kremnev）这一笔名发表了一篇小说，描述了"亚历克西斯兄弟"（Brother Alexis）的旅程（Chayanov 1976）。

（2）他称为"社会农学"的大纲。一些学者认为这是农业推广和推广研究的起源。这套社会农学大纲充分阐述了人与自然之间相互作用和相互转化的重要特征（而不是将农业视为仅由"大自然的法则"支配的活动）。

（3）纵向合作（vertical cooperation）的理论。该理论与其后的"集体化"运动强制实行的"横向合作"（horizontal cooperation）相对照，是转型理论的早期范例（Kerblay 1985）。

对于最后一条学术理路——纵向合作，需要做进一步解释。它指的是在小农农场的上游和下游建立强大的合作社。在上游，合作社为小农农场生产和发放投入（如肥料、机器、信贷服务）。在下游，合作社将小农农场生产的不同产品进行加工和商品化。这种"合作社给小企业带来大型企业所能享有的全部好处"（Chayanov 1988：155）。在 1917 年十月革命之前，合作化运动在俄国乡村势头强劲。合作社联结成的这张大网也为更广阔的政治计划奠定了基石，这项政治计划指的是俄国的社会转型，而这一转型必然涉及激进的农政改革。这项转型计划有三个明确目标：一是尽可能提高农业产量，从而服务于国民经济的整体增长[10]；二是努力使农业劳动力生产率最大化；三是更加公平地分配国民收入。在恰亚诺夫看来，这一转型亟须以小农阶级[11]为基础，并由小农阶级来推动："在我们面前是百万计的小农，他们有自己的习惯和自己对农业的理解。他们是无人能驱策的自由人。他们按照自己的意愿和观念行事。"（Chay-anov 1988：155）在这一点和其他方面，恰亚诺夫的观

点与马克思 1881 年 3 月 8 日给维·伊·查苏利奇的信中
所提出的以小农为基础的政治计划（Marx and Engels
1975：346）极为接近。马克思在这封信中指出，不存在
一个历史发展的普世理论，俄国小农村社有能力直接步
入共产主义[12]。这一观点与马克思的早期思想相去甚远。
在《路易·波拿巴的雾月十八日》中，马克思认为：

> 由于各个小农彼此间只存在有地域的联系，由
> 于他们利益的同一性并不使他们彼此间形成任何的
> 共同关系，形成任何的全国性的联系，形成任何一
> 种政治组织，所以他们就没有形成一个阶级。因此，
> 他们不能以自己的名义来保护自己的阶级利益……
> 他们不能代表自己，一定要别人来代表他们。（Ma-
> rx 1963：124）①

由此而观，我们现在可以认为，一旦小农彼此联系
（这一点目前已有大量例子），为实现乡村转型而形成共
同的政治计划，他们就构成了一个阶级，一个极可能在
当代转型历史上刻下印记的阶级。这正是目前新型跨国
农民运动（如"农民之路"）中所发生的，转型也正是

---

　①　对于本书对马克思、列宁等著作的引述，译者均尽可能查阅参考人
　　　民出版社的通译版本。——译者注

得益于跨国农民运动和他们激进的变迁议程。

恰亚诺夫传统的谱系

　　很多学者直接明确地以恰亚诺夫理论为基础进行学术研究。而更多人则是在尚不知悉恰亚诺夫时就"重新发明"了恰亚诺夫的理论视角，这主要是因为深入的经验研究往往能归纳出与恰亚诺夫的理论观点极其相似的概念框架。在图 1-1 中，我试图汇集一些与恰亚诺夫理论紧密结合（尽管往往是批判性的）的知名学者。这个谱系并不完整，它只是用来表明恰亚诺夫对后世产生的持久影响。展示这个谱系的主要目的是为初入农民研究这一领域的年轻学者和社会活动家提供一些帮助和指南。地理上的划分和说明指的不是出生地或居住地，而是这些学者实地研究的主要区域。这些学者在本书中几乎都会被提及或引用。其中一些学者的研究足迹跨越了多个大陆，如霍安·马丁内斯-阿列尔（Joan Martinez-Alier）、塞维利亚·古兹曼（Sevilla Guzman）、埃格伯特·德弗里斯（Egbert de Vries）、罗伯特·内廷（Robert Netting）。谱系中所涉及学者的时间段大约是1900 年至今。

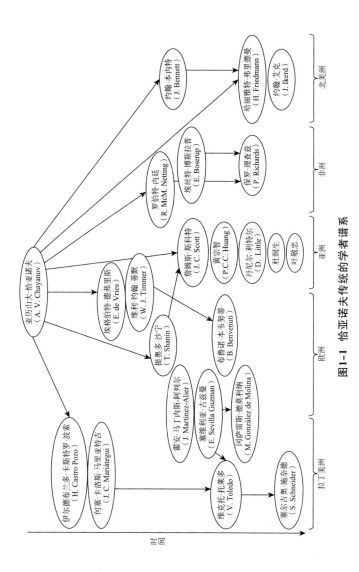

图1-1 恰亚诺夫传统的学者谱系

注　释

[1] 这是俄国自 19 世纪末 20 世纪初开始的一场革命运动。它扎根于俄国农民社区，旨在建立一个平等的社会。在 20 世纪初期，俄国的社会革命党阐明了运动的理念，得到俄国乡村的有力支持（参见 Martinez-Alier 1991）。

[2] "列宁的理论是，因为小农构成人口的主体，所以有必要确保获得小农的支持，至少也要保证他们立场中立。但是在意大利，很显然，劳动阶级（working class）要想实现他们关于国家和民主制度的构想和蓝图，就必须承担起民族历史上最沉重的负担：南方问题。"（Lawner 1975：28）

[3] 这场论争史称普列奥布拉任斯基 – 布哈林（Preobrazhensky-Bukharin）之争。后来这一论争又以许多不同名目被提及。最近一次讨论可以参见杰克逊（Jackson 2009）。

[4] 在此方面，索纳（Thorner 1966：xxi）指出，"恰亚诺夫自己承认，他的理论更适用于地广人稀而不是人口稠密的国家。他的理论也更适用于已经完成农政结构重组而不是农政结构僵化的国家。在那些小农无法轻易获得更多土地的地方，他的理论必须进行严肃调整"。恰亚诺夫的理论还存在其他一些局限性，在下面一些章节中我也会在必要时提到。

[5] 西班牙农学家卢修斯·朱尼厄斯·莫德拉图斯·科卢梅拉（Lucius Junius Moderatus Columella）的著作《农业的艺术》（*The Art of Farming*）（于 1977 年再版）是西方社

会最古老的一本农学手册，且行文极美。

[6] 很有趣的一点是，大约一百年前，恰亚诺夫在论述小农农场时也用了一个类似的比喻——"机器"（Chayanov 1966：44）。勒普在撰写其著作时，并未注意到这一点。但是生于农民之家，经历农家之事，使勒普非常熟悉农业的这一特征。

[7] 掌握这些不同的平衡关系是小农社会文化传统的一个核心要素。很多均衡被浓缩（或者说"制度化"）为经验法则、谚语、地方性知识以及地方规范与价值，来表明"好的农业"是如何组织起来的。这种生产组织极大地降低了交易成本（Saccomandi 1998；Ventura 2001；Milone 2004）。

[8] 1966 年，当恰亚诺夫的著作首次以英文出版时，引起人们广泛讨论的也正是这些问题。这些问题在当时涉及的不是农业，而是东南亚发生的骚乱。在东南亚，农民军队（越共游击队）成功地向世界上最有力量的军队发起战斗，而后者最终被击溃。

[9] 公共资源是共同拥有、共同使用、共同创造价值的资源，或者是如奥斯特罗姆（Ostrom 1990）所说的"公共池塘资源"。

[10] "我们国家的整个未来……都取决于农业领域快速的、充满活力的进步，特别是能否'在目前只生长一束谷穗的地方栽种出两束谷穗'。"（Chayanov 1988：154）

[11] "每个人都赞同，小农农场将是俄国新型农业建设的根基。"（Chayanov 1988：137）

[12] 同样参见哈特和奈格里（Hardt and Negri 2004）。

| 第二章 |

恰亚诺夫理论中的两个主要平衡

　　这一章展示的是对小农农场和小农家庭的微观分析。这绝非否认宏观层面的重要性和相关性，事实恰恰相反。但是，我们有充分理由将微观层面（也就是个体小农农场和小农家庭）置于分析的核心位置。首先，宏观层面的很多矛盾、关系和趋势在微观层面有呈现，而且往往以最真实的形式表现出来（Mitchell 2002）。其次，抗争和变迁的种子正是在微观层面生根、萌芽。最后，农政研究（agrarian studies）最大的缺陷之一就是它往往只注重"宏观原因"和"宏观结果"之间的直接关联，它所采用的学术理路严重忽视了微观层面。其实所有的趋势、预测、价格关系、农业政策的变化或者任何其他宏观因素，都是在微观层面被农民（以及其他行动者）主动地理解、转化成一系列行动，从而形成了我们实际看到的宏观结果。这就像一个过滤过程，来自宏观层面的刺激因素（价格、政策等）总是要经过微观层面行动者的调试和过滤。如果不了解这些行动者的逻辑，就不可能理解或预测宏观因素所产生的影响和结果。一个众所周知的例子就是"反向供给曲线"（inverted supply curve）[1]。恰亚诺夫意识到这一方法论缺陷存在的危险："要想弄清一般性的经济过程……我们自己必须充分阐明经济机器（也就是小农农场）[2]的运转机制。这一运转机制在国民经济因素的压力影响下组织起一个有效的生产过程，并与其他类似的运转机制一起影响着整个国民经济。"（Chayanov 1966：120）这一方法论取向使恰亚诺夫避免了决定论的陷阱。

小农生产单元：没有工资与资本

恰亚诺夫的分析起点简洁但非常有力。虽然不乏例外情况，但小农农业总体上依赖于非工资性劳动。劳动的组织不是通过劳动力市场，而是通过家庭：农场中的劳动是由农场家庭提供的。尽管这看似简单、不言而喻，但它带来的结果却影响深远。没有工资支出就无法计算农场的利润。支配资本主义经济的基本原则（如通过减少劳动力投入来降低成本、实现利润最大化）因而并不适用于小农农业。小农农场的生机活力要用遵循另类原理的内在平衡关系来解释。

　　总产值（gross product）（将农场产品商品化而获得）与一年生产周期中所需物质支出（material expenditure）之间的差值被称为劳动产值（labour product）（有时也被称为家庭劳动产值）。这与目前研究中通常所指的"劳动收入"（labour income）是一致的。它是因完成工作而获得的收入。劳动收入或劳动产值是"一个小农或匠人家庭唯一有意义的收入类别，因此无法对其进行分析性的或客观的分解"（Chayanov 1966：5）。既然没有支付工资，也就不存在净利润这一概念，"因此无法采用资本主义体系的利润计算方法"（Chayanov 1966：5）。

　　在小农经济中，劳动力主要来自家庭。这意味着劳动力的分配与报酬不受劳动力市场的控制。资本也是如此（尽管恰亚诺夫对于这一点并未言明）。每个小农农场都包含着，也体现着资本。但是，这种资本并非马克思主义意义上的、作为一种关系的资本。小农农场中的"资本"包括房屋和农场设施、土地、对农场进行的改良（道路、沟渠、水井、梯田、土壤肥力提升等）、动物、基因材料（种子、种畜等）、机械以及任何类型的可以利用的牵引动力等。记忆、网络（用于销售产品、获得互助或交换种子）和储蓄（有购买需求时可以使用的资金）也是这种资本的一部分。但是，这种"资本"不是用来生产剩余价值进而将其投入生产以获得更多剩余价值。它"并不遵循马克思主义的经典公式 M—C—M + m"(Chayanov 1966：10)[3]。它的增殖也不是通过对他人雇佣劳动的剥削而实现的。在小农农业中,"资本"仅仅是可利用的设施、机器和类似物品的总和。"通过赋予农场设施、牲畜和设备等以价值,并把这些估值相加,我们就能了解俄国小农农场固定资本的规模和构成。"(Chayanov 1966：191)在家庭农场中,按照大多数农民的说法,资本是"家庭资本"。它是小农家庭所创造和控制的资源库的一部分。最重要的一点是,它具有使用价值:它让小农家庭能够参与农业生产并赖以维生[4]。这种"家庭资本"代表着家庭传承,小农家庭努力在其整个生命周期中扩展这份祖产。这使得家庭能够借助一些生产过程来降低辛苦程度,获得更大效用。当遇到歉收、疾病和其他风险时,家庭资本也起着缓冲器(也就是保险基金)的作用。最终,它帮助下一代独立谋生,开始创建自己的农场。

家庭资本的积累和使用不受资本市场的控制。家庭自身不必按照社会平均利润率水平进行生产。即使(假设)利润率为负,小农农场也能够继续运转,以扩大家庭祖产的积累。道理很简单,家庭祖产不必非要产生任何利润。它的价值不在于能否创造利润,而在于使小农家庭在当下和未来立命维生。家庭资本的使用不受资本市场的支配,而是受小农家庭自身确定的规划脚本左右。

需要强调的重要一点是，前文所讨论的小农农场的特征（劳动力是家庭劳动力，资本是家庭资本，收入按劳动收入计算）并不局限于传统农业或者偏远地区。这些特征在当下的欧洲农业中同样存在。欧洲的农场大多是以家庭劳动力和世代积累的祖产为基础的家庭农场。这意味着，无论是在理论上还是实践中，这些生产单元都不能被视为仅由市场直接专断支配的企业。欧洲西北部的农业作为一个间接例证充分说明了这一点。欧洲西北部大多数农场（以及整个农业部门）的"农场净收入"（net farm result，一个虚拟概念，指按照劳动力市场价格支付所有劳动力投入、按市场利率支付所有资本利息后获得的净利润）几乎一直是负值，而且负值程度很高。因此，这些农场既不能也没有发挥资本主义企业的作用。它们完全不可能被视作资本主义企业。对这一现象的解释是，大多数"资本"不必产生平均水平的利润率。相反，可利用的资本代表着能够进行独立生产、获得收入所需的资源。同样，家庭农场中的劳动是为了满足家庭众多（直接或间接）的需求，并服务于资本的形成（正如我后面会谈到的"创造美丽农场"）。在所有这些方面，农民的策略性行为以及他们对农场和家庭中不同平衡关系的调节方式都至关重要。

对农场的分析不能与其所属的家庭分开，反之亦然。

对二者的理解需要充分探究家庭和家庭农场中存在的独特平衡关系。尽管这些平衡关系存在于家庭内部，它们的具体运转却扩展到了家庭之外。它们将农业家庭和农场单元与更宏观的外部环境联系在了一起。我会通过对价值流动的分析，更确切地说，这些价值流动是如何被社会界定的，来阐述这一点。第一个例子是关于几内亚比绍的稻米生产（参见文框 2-1）。20 世纪 70 年代中后期，我曾在几内亚比绍工作过。

　　这个例子或许看似奇特，但我们不应该忘记，价值流动的社会界定（相对于市场界定）绝不仅仅限于几内亚比绍南部这样遥远的欠发达地区。文框 2-2 简要概括了欧洲农业机械的使用。与此相关的价值流动受到不同平衡关系的有力支配，而这些平衡关系又受到农民社会价值观的影响。这些价值流动使农场结构和生产过程免受商品关系的直接操控和支配。这种模式指导着很多具体的实践和关系。例如，荷兰和意大利（我在这两个国家工作过很长时间）的很多小农会将小母牛或番茄的销售与奶牛饲料的获得完全绑定在一起。当所需要的饲料运送到圈舍时，就像农民常说的，它"已经是付过钱的"。通过这种机制，农民使自己的牲畜圈舍免受市场原则的支配。社会界定使市场"远离"圈舍，奶牛生产实际上也得以远距于市场。

文框 2-1　粮仓

水稻是几内亚比绍南部的主要作物，种植在被当地人称作圩田（bolanhas）的地方。在堤坝围护之下，四周丘陵的潺潺流水浇灌着这片美丽而广阔的稻田。这片稻田常常有着令人难以置信的收成。巴兰特（Balanta）人掌握了修建这些圩田、获得丰收的技术。他们组成劳动小组（巴兰特人文化传统中的核心要素）来进行圩田建设和稻米生产。收获后，稻谷被集中储存在巨大的粮仓（bemba）里。每个扩展家庭（morança）都有一个粮仓（或者一个主粮仓附带几个"卫星粮仓"），由户主来管理。在外来者看来，粮仓只是存放稻谷的地方。但对于生活在那里的当地人而言，粮仓中存放的是不同来源、不同流向的稻谷所构成的复杂整体，稻谷的流向代表着不同的义务和目的。如下图所示，粮仓是众多流动方向、社会关系和平衡关系汇聚且彼此协调的场所。

在巴兰特社会，有很多关系需要平衡。第一是过去、现在和未来之间的关系。库存储备是这一关系的一个策略性体现：储备是为了短期和长期的粮食安全。在此方面，巴兰特人很像中国的小农。只有在确保新一季收成的情况下，他们才会出售前一季的余粮。此外，扩大畜群、为少年的过渡仪式（fanado）准备积蓄等，都是过去、现在和未来之间平衡关系的重要体现。

第二是与他者之间的关系。这包括与相邻族群之间的关系。与巴兰特人相邻的族群种植一种不需灌溉的"旱"稻。当从事整地、插秧这些重体力活时，巴兰特人很爱吃

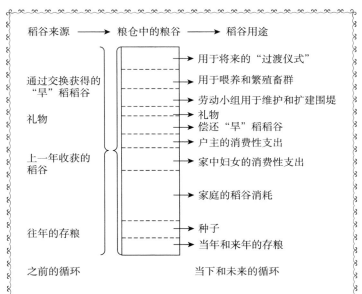

这种旱稻的米，这种米可以给他们提供额外的能量。巴兰特人从相邻族群那里获得这种稻谷，并在自己的稻子收获后"偿还"相应数量的稻谷。他们还要给住在城里的亲戚赠送礼物（后者往往也有礼物回馈），村庄内部也有礼物的交换。所有这些互动关系都需要精心平衡。

第三是扩展家庭自身内部的平衡关系。一部分稻谷用于家庭直接消费，其他部分用于出售或交换，来获得村庄自身不能生产的消费品（如衣服、电池、收音机、自行车、枪支等）。在这一类型中，扩展家庭户主的消费性支出和其他家庭成员尤其是女性的消费性支出有着明显区别。如果平衡关系无法维持，妇女就会逃走。

第四是生产与再生产（尤其是圩田维护）之间的平衡

关系。这需要精心协调，关系一旦失衡，就可能出现不可逆转的生产退化。

粮仓中存放的大部分稻谷是拿来出售的。但是，市场流通所获得的货币有着严格而明确的用途。在这里，我们能看到一个由社会界定的极其灵活的分配过程。行动者洞察力的变化以及他们之间的谈判，会导致上图中虚线位置的移动。这其中也有大量的相互依存关系。譬如，一年中减少的消费性支出可以用于扩大对劳动小组的支持，从而显著提高来年的收成。用恰亚诺夫的话说，这代表着劳动辛苦程度和需求满足程度之间平衡关系的一种变动。

尽管这些价值流动是由社会界定的，但这并不意味着生产和分配模式不受外部社会和历史的影响。相反，在20世纪初，税收和强制性劳动使水稻种植严重萎缩，直到巴兰特人中的相当一部分摆脱了葡萄牙殖民者的直接控制之后才有所缓和。那些巴兰特人迁移到南方不受管制的空旷地区，将水稻种植重新发展起来。目前，腰果种植和从东南亚进口的廉价大米正在对这里的水稻生产形成新的威胁，并可能再次引发生产的瓦解。

与资本主义农场不同，小农农场的生产过程不是按照雇佣劳动与资本关系的逻辑来安排的。如果是为了利润，那么农民毫无疑问会把自己的地卖掉。但是他们并没有这么做，而是留在土地上，农耕也好、休耕也罢，

文框 2－2　农机的流动

欧洲西北部的农业有着巨大的异质性，这种异质性通常被描述成不同的农业方式（farming style，见本书第四章）。每种农业方式的特征可以概括为与上游市场（如农业机械市场）之间的策略性关系。在某些方式中，如"先锋农民"（vanguard farmer）的农业方式，经营者频繁购买最新型的拖拉机和机器，按照这些新的技术设备所具有的功能来重组农场。他们通常在四年（这是法定的折旧补贴周期）之后卖掉旧机器，再购买最新型机器。在其他方式中，如"节约型农民"（economical farmer）的农业方式，农民痛恨支出大笔生产投入，而倾向于购买由先锋农民淘汰的二手机器。这样，他们就以更低廉的价格获得这些机器，并利用自己娴熟的农机技能来保养和延长机器的使用寿命，比方说再使用 12 年。这使他们的生产成本远低于先锋农民的生产成本。这样一来，农业机械就以独特的方式进行流动（从工业部门、经销商到先锋农民，再到节约型农民）。不同农业方式之间形成的互锁的平衡关系勾勒出一种"巢状市场"（nested market），这些流动（正如几内亚比绍稻谷的流动一样）通过这一市场沿着特定的路径而展开。这样，资本形成与劳动之间的平衡（很像是辛苦程度与效用这个更一般性平衡关系的具体呈现）在两种农业方式中存在明显差异。

除此之外，还有与其他特定农业方式中的平衡关系相对应的其他农业机械流动方式。这包括农机合作社、向承包商（通常是其他农民）租用某些机械，当然还包括以互惠为基础的互助模式。

在宏观层面带来一系列意料不到的甚至往往是相反的结果（参见文框 2-3）。简言之，劳动过程、祖产的使用与积累，特别是祖产与劳动之间的关系不受一般的劳资关系支配。小农农场中祖产和劳动之间的关系可能会受到劳动—资本关系的影响，但并未由其直接形塑和重塑（"决定"）。生产过程的发展甚至可能与一般性的劳动—资本关系的逻辑相悖，也可能与这些一般性关系所嵌入的不同场域（如劳动力、资本或粮食的市场）的有限理性（bounded rationality）相悖。

恰亚诺夫在关于农业中小土地所有与大土地所有相对优势的论争中已经非常明确地表达了上述这些区别。在那个时候，"关于推动农业发展的农业经营规模大小的论争……已经持续了漫长的 30 年"。在这场论争中，如恰亚诺夫所说，"列宁的著作发挥着主要作用"（Chayanov 1923：5）。在恰亚诺夫看来，这场论争（至今仍然）源于对农业的一些误解。规模的大小本身并不是农业的决定因素。相反，在技术发展（使大土地持有成为可能，尽管总是存在一个规模上限）和界定社会经济最优规模的生产单元的特征之间，存在一个随时间变动的平衡关系。但这些还在其次。"如果你想说明核心问题，就不应该只是反对大农场和小农场的大小特征。真正重要的是要分析资本主义经济和小农经济这两种不同经济形态的质的特征。"[5]（Chayanov 1923：7）所以，规模是一

文框 2-3　地中海地区的祖产

在欧洲地中海地区，维系祖产（将财产留在家庭）的欲望是很多农场（小规模农场以及很多较大规模农场）生存、延续的根本动力。这些农场的存在不可能单单用市场来解释。这些农场属于兼业式家庭（pluriactive family），这些家庭从多种经营活动中获得收入，务农只是其中之一。就像马克思所设想的那样，家庭成员上午在田间劳动，下午在地方学校教书，夜晚又可能喝着自家种植的葡萄酿的红酒写诗。

在意大利，40—55 岁年龄段的男性农民中，有 63% 只在自家农场进行部分时间的劳动。可以把他们称作兼业农民（part-time farmer）。2007 年的普查数据表明，更多兼业农民的配偶在别处还有一份额外收入；只有 15% 的兼业农民，其家庭收入完全（或几乎完全）通过农场获得；有 43% 的兼业农民，其农场收入只占家庭收入的很小一部分；而且，有 22% 的农场之所以能够存活，完全是因为在别处获得的收入被转移到农场。

这些农场并不一定都是小农场。这样的一种生计结构也不应被视为非理性行为的结果。关键在于，这些农场并不代表（马克思主义意义上的）资本，它们并不急迫期待实现预先设定的利润率，所使用的劳动力也不是雇佣劳动力（后者要按照劳动力市场的标准为其支付报酬）。

由于农场产品的价格很低，很多这样的农场已经部分失活（deactivation）。这对地方经济、乡村景观和地方生态系统都产生了负面影响。

个很含混的分类。对于小农农场而言的"大",在资本主义农场看来可能是"小",甚至可能是太大或者太小。规模是相对的。这也解释了"为什么我们身边(当时欧洲很大一部分地区)的小农生产单元并未消失。相反,他们的数量还有了显著增加。原因就在于……他们的社会经济独特性"(Chayanov 1923:6)。进而,恰亚诺夫在其理论建构中指出,这些独特性"充分而令人信服地回答了为什么在历史实践中,小规模小农农场能够对抗农业中的大规模资本主义企业,以及它们是如何做到的"(Chayanov 1923:8)。

小农农场与资本主义农场的内在机制不同。对资本投入高回报率的追求,决定了资本主义企业大多规模较大且试图持续扩张。而主要依赖家庭劳动力这一特征,决定了小农生产单元大多规模较小。当然,土地分配的历史渊源和被严重边缘化等,均可能对其生产规模产生一定影响。

小农农场的内在机制及其抗争与发展的历程,在很大程度上以两个平衡为基础(劳动—消费平衡和辛苦—效用平衡),下面我会详细展开。

劳动—消费平衡

在恰亚诺夫看来,每个小农生产单元的永动力都

源自劳动—消费平衡，也就是家庭的消费需求与家庭
中现有劳动力之间的关系。"对我们而言，农场家庭的
大小是构建农场单元的主要变量，家庭农场必须满足
家庭的需求，家庭农场也是凭借家庭的力量才得以建
立。"（Chayanov 1966：128）在这个特定的平衡中，劳
动指可用的家庭劳动力（也就是能干活的人），消费指
要养活的家口。在最狭义的意义上，劳动指生产粮食，
消费指去吃所生产的粮食。通俗地说，这个平衡就是关
于总生产（包括在市场上销售的那部分）和满足家庭众
多需求的总消费之间的平衡，其中家庭的很多需求是通
过市场来满足的（用粮食生产挣的钱来支付）。很显然，
不论是在过去还是在当今世界，缺少来自市场的资源是
不可能实现家庭和农场的再生产的。没有人能置身于商
品流通之外。《鲁滨逊漂流记》只是小说，不是现实。
家庭和农场会以截然不同的方式参与到商品流通之中
（见第四章）。

　　劳动和消费是不可通约的两个方面。但是它们需要
达至一种平衡关系，其中的一方必然意味着另一方的对
应存在。没有消费，也就不会有劳动。如果没有消费，
劳动也就失去了意义。但是，二者之间并不是简单的线
性关系。它们之间不是可以简单互换的。劳动和消费[6]
需要共同形成一个动态的平衡关系，从而调节农场及其
运作中的很多具体特征。在 20 世纪初期的俄国，这尤其

鲜明地体现在每个农业家庭耕作的土地面积上："沿着家庭发展的不同阶段，小农农场在这几十年的（家庭生命）历程中……不断变化着规模，它的组成要素呈现有规律的波动曲线。"（Chayanov 1966：69）一定数量的劳动力要养活的家口越多，耕作的面积就越大。在土地稀缺的情况下，这样的劳动—消费比率的变动会导致集约化或者"手工业、商业和其他非农收入"增加（Chayanov 1966：94）。

　　劳动—消费平衡并不是支配耕地面积和产量水平的唯一因素，也绝不是决定性因素。恰亚诺夫非常明确地指出了这一点："家庭不是一个特定农场的规模唯一决定因素。"（Chayanov 1966：69）恰亚诺夫可能是出于教学上的原因，从讨论劳动—消费平衡开始进行阐述。后来，他又提到很多其他附加的和中间的关系与平衡。所有这一切构成了恰亚诺夫所说的"小农农场的组织计划"。这是一个相互依赖的整体："家庭农场中没有一个单一的要素是不受约束的，它们全都交互影响，决定着彼此的规模。"（Chayanov 1966：203）它是一个完美均衡的、相互依存的整体，恰亚诺夫称之为一个完美均衡的"经济机器"（Chayanov 1966：220），尽管他的用词在今天看来也许有些过时。

劳动—消费平衡的政治意义

要想在农场中顺利实现劳动—消费平衡，需要满足三个重要前提。

（1）小农家庭需要在它所生产的全部价值中得到比例相称的、令其满意的份额。他们劳动付出的任何一点增加，都应该转化为收入的改善。简单来说，劳动所创造的收入要让参与劳动过程的人感到"公平"，且足够满足他们的消费需求。

（2）劳动过程所嵌入的关系要保证劳动场所中的独立和自由。只有小农家庭自己最清楚农场和家庭的确切状况。因此，只有小农家庭自己能够评估（通过内部的对话与谈判，或是通过父权强制）其所需均衡的确切特征。同样，也只有小农农场的家庭自身能够评估他们需要多大的效用，以及能够承受的辛苦程度。恰亚诺夫在《社会农学》一书中明确指出，我们面对的是"独立的生产者，他们根据自己的理解和意愿来经营农场。没有人能插手他们的农场，也无权对他们施加命令"（Chayanov 1924：5）。又及，"没有外部权威能够经营农场……只有对农场了如指掌的直接生产者自己才能让农场顺利运转，或者，如果必要的话，以适当的方式改变农场"（Chayanov 1924：6）。

（3）劳动过程需要以脑力劳动和体力劳动的有机结合为基础。直接参与劳动过程的那些人也正是主要决策者（尽管可能存在复杂的代际和性别冲突）。换句话说，劳动—消费平衡排除了对劳动和生产过程的任何外部规定和控制，也排除了形式僵化的"横向合作"。恰亚诺夫用这个词来指称由国家控制的生产合作社，如集体农庄。

20 世纪 70 年代末，当中国安徽省的一小波农民开始寻求突破并最终引发旧生产制度的塌方时，这些前提条件及其隐含的劳动—消费平衡的巨大意义再一次涌到历史的前台。中国农民的这一次抗争被内廷（Netting 1993：viii）总结为，"中国的小农生产模式在历经社会主义集体化时代后的惊人复兴"。这些寻求突破的农民用这样的口号来给自己定位："交够国家的，留足集体的，剩下的都是自己的"（Wu 1998：12）。这一口号反映了小农阶级的典型心愿，那就是在小农与国家之间建立并维持一种在他们看来公平的总体平衡关系。只有当这种总体的平衡关系达到完美均衡时，小农家庭才能通过自己的劳动付出满足自己家庭的生存需求[7]。

劳动—消费平衡的科学意义

作为家庭农场生产机器的载体，劳动—消费平衡理论和方法论上的意义在于它澄清了一个事实，即农场的运转和发展不能被视为（无论是何种类型的）外部关系和外部条件的简单延伸。在讨论农业的政治学或转型过程等主题时，这一点非常重要。小农农场的组织非常具有策略性，小农农场通过评估所需要的平衡关系来对农场的动态运作进行管理，使其尽可能实现这些均衡。小农农场会分析外部的关系和动态趋势，并积极将之转化为农场的实践活动。套用今天的术语，小农农场是一个平稳运转的"行动者网络"，它娴熟地将土地、作物、牲畜、粪肥、种子、建筑、劳动力、技艺、知识、机器、社会网络（还可能包括林带、草药种植园、乡村旅游设施或农场商店）结合在一起。它是对外部环境、机遇和挑战的一种积极回应。这一点不仅适用于农场及其运转方式，也适用于它的发展变化，也就是农场的积极发展方式。

将家庭农场视为一个与家庭中的主要平衡关系相一致的、完美均衡的经济机器，这种理解否定了将小农农场视为一个建立在资本与劳动的矛盾组合基础上的内在不稳定系统的观点。

　　马克思将不雇用劳动力的小农称为一种双生的经济人：作为生产资料的拥有者，他是资本家；作为劳动者，他是自己的雇佣劳动力。马克思还补充认为，这二者的分离才是这个社会（也就是资本主义社会）正常的社会关系。按照社会劳动分工不断细化的规律，小规模小农农业必然不可避免地被大规模资本主义农场取代。（Thorner 1966：xviii）

很多其他马克思主义者直言不讳地反对那些宣称小农注定消亡的理论假说。罗莎·卢森堡（Rosa Luxemburg）写道：

将资本主义生产的所有类型同时应用到小农阶级身上，将企业家、雇佣劳动力和地主这些角色集于小农一身，是一种空洞的抽象。小农阶级的经济独特性……在于这样一个事实，那就是他们既不属于资本主义企业家阶级，也不属于雇佣无产者阶级。他们不代表资本主义生产，而是代表简单小商品生产。（Luxemburg 1951：368）

只有围绕明确具体的目标形成一套清晰的行动策略，才可能构建起巧妙平衡的行动者网络。恰亚诺夫问道："是什么力量将这个系统中的所有要素绑定在一起？"（Chayanov 1966：103）。当然，这股力量来自提高家庭收入的渴望，就是这么简单。但是，这个简单的道理却凸显了推动世界发展至今的两个关键点。第一，生产场所是小农家庭为其解放（通过收入的提高而实现，反过来又有助于农场的改善）而努力抗争的场所。第二，这种抗争带来农业生产的持续增长。因此，寻求解放是农业生产中起决定作用的主要驱动力。

抗争对于提高收入所起的核心作用，可以从农业收入和农场的很多结构性特征（如播种面积、设施和设备的价值、奶牛和役畜的数量等）之间的高度相关关系中体现出来（Chayanov 1966：103）。"小农家庭寻求单位劳动上的最高报酬"（Chayanov 1966：109），他们为了获得更好的收入而发展农场（如增加播种面积，增加奶牛、公牛和马匹的数量以及用于形成资本的投入）。农场发展得越成功，家庭收入就会越高。恰亚诺夫还写道："很显然，每年的产量越高，农场家庭就越容易找到用于资本形成（capital formation）的手段。"（Chayanov 1966：11）。

然而，这个循环也受到一些限制，有时甚至是严重制约。首先，它受到家庭可用劳动力的制约。这意味着劳动密集度（labour intensity，单位面积土地上投入的劳动数量）受到限制。其次，资本密集度（capital intensity，单位面积土地上投入的资本数量）也受到限制。资本投入不能超越家庭所能掌握的技术水平，也不能超越家庭资本形成的能力。因此，劳动和资本的投入取决于另一个平衡——辛苦和效用之间的平衡。

辛苦—效用平衡

这是恰亚诺夫讨论的第二个平衡。辛苦和效用也是两个不可通约的因素，为了小农农场的运转，二者需要达到一个特定的均衡。辛苦指为了提高总产量（或农场总收入），需要额外付出的劳动。提到"辛苦"这个词时，人们通常联想到艰难困苦、挥汗如雨（渴望得到一杯冰镇啤酒）、早出晚归、披星戴月、酷暑严寒、风雨无阻。农业生产可能是一种快乐而有意义的活动体验。但是，它也需要体力上的消耗。当需要完成的工作量增加时，人们就会强烈地感受到农业生产繁重的本质。这就是"辛苦"这个分析性概念试图表达的含义。效用则是劳动辛苦的反面，它是产量增加所带来的额外收益（无论什么性质的收益）。这里的关键点是，农业家庭要寻求二者间的平衡。

一般来说，产量的增长意味着劳动辛苦程度的增加和效用的减少。然而，"如果把它们之间的关系片面地看作一方取决于另一方，那就太幼稚了"（Chayanov 1966：198）。相反，"我们面对的是两组相互关联的元素，它们通过在各自的要素之间建立起均衡而形成一个单一的系统"（Chayanov 1966：198）。

小农"在其家庭需求的刺激下劳动，需求产生的压力越大，他们的干劲就越大……这就带来福利的增加"
（Chayanov 1966：78）。换句话说，当供养的消费者数量
增加时，劳动者的产出也要提高，如通过耕种更多土地、
改进资源的质量或者创造更多资本品（capital goods）等
方式。于是，辛苦和效用之间的平衡关系变得极为关键。
一方面，"家庭农场上劳动力释放的能量是由家庭消费者
的需求激发出来的"（Chayanov 1966：81）；另一方面，
"能量的释放也受到劳动自身辛苦程度的制约"（Chayanov
1966：81）。

乍一看，劳动—消费平衡和辛苦—效用平衡似乎是
一回事（特别是有人会把辛苦等同于劳动，把效用等同
于消费）。这两个平衡关系的确相关，但绝不是完全相
同的，它们之间存在根本的区别。劳动—消费平衡针对
的是家户层面，指消费者数量与劳动者数量之间的相对
关系。辛苦—效用平衡针对的是个体劳动者（特别是户
主）："一个人在绝对时间段承担的劳动量越大，这个人
在边际单位劳动上付出的辛苦程度就越高。"（Chayanov
1966：81）

这种区别非常关键，因为它解释了小农农场的生产
是如何扩大、小农家庭的福利是如何改善的。通过投入
更多辛苦（也就是更努力劳动），一个劳动者可以促进
资本形成。这反过来又会使家庭利用现有的劳动力实现
更高水平的生产（也就是单位劳动力的净产出增加）。

这样，家庭消费需求的增加就可以得到满足。

图 2－1 是基于恰亚诺夫视角的辛苦—效用平衡关系而绘制的。那两条实线代表"效用"（单位产品的效用随总产量的增加而减少）和"辛苦"（单位产品的劳动辛苦程度随总产量的增加而增加）。这两条线在 E1 点上达到均衡。这个点对应着一种产量水平（P1）。现在，如果效用的扩大超越了家庭的直接消费需求，如创造一个"美丽农场"的需求（参见文框 2－4），就会出现一条新的"效用曲线"，形成一个新的均衡（E2），对应一个新的产量水平（P2）。这样，家庭农场就能在满足家庭直接消费需求之外，促进资本形成（也就是为未来的

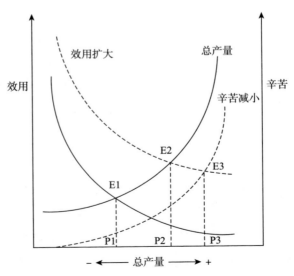

图 2－1　重新评估辛苦—效用均衡

"美丽农场"添砖加瓦)。因此，对解放的渴求通过生产的扩大和资源库的改善而建立和巩固。这也可能形成对劳动辛苦的重新界定。根据这个改善的平衡关系，当生产土豆的行为意味着在不久的将来拥有更好的工作前景时，劳动辛苦在劳动者个体看来就不会那么难以承受。这样就会出现一条新的劳动辛苦线条，界定出一个新的均衡和相应的产量水平。也有可能人们对效用和劳动辛苦的感知是不同的，所以也可能出现 E3 和 P3 这两个点。

文框 2 - 4　辛苦—效用平衡的一个案例

　　下图（Ploeg 2008）呈现的是意大利北部生产帕马森奶酪用奶的农民使用的一个算式。这个算式包含的是一套概念以及它们之间的相互关系，用以说明应该如何组织农业活动。它反映的是一个独特的农业逻辑——一种理解、计算、规划和安排生产过程的独特方式。这里所描述的独特算式是那些以小农方式从事农业生产的农民所采用的。这个算式并非针对过往，而是当下管理农场的农民所使用的，而且这些农民极其成功地实现了对农场的经营管理。

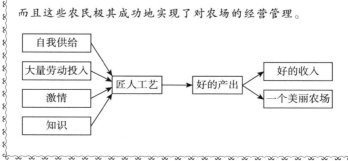

在这一小农逻辑里，"好的产出"处于核心地位并具有重要意义，指每个劳动对象（如每头奶牛、每单位面积土地）的产量，而且产出要高且可持续。但就像小农所说的一样，他们不会用"强迫"的方式达到目的，而是在以"精心照料"为特征的框架中尽可能实现高产出。农民必须精心照料牲畜、作物和田地，因为如果精心劳作，每个劳动对象的产出就会提高。精心照料也与匠人工艺一样，指的是劳动质量。更通俗地说，它以特定方式组织生产和再生产的过程，以确保好的产出和稳定的增长。

在意大利小农的世界观中，高产出水平是正当合理的，因为从短期来看，它维持了收入；更为重要的是，从长远来看，它有助于创造一个"美丽农场"。总之，高产出水平阐明了恰亚诺夫意义上的"效用"的含义。

精心照料取决于几个前提条件，即一定要有"激情"、"奉献精神"（这里指大量的劳动投入和辛勤劳动）、"知识"（即知道自己在干什么）以及"自我供给"（农场单元必须尽可能做到自给自足）。大量劳动投入显然是"辛苦"的一种表现，它在一定程度上可以由"激情"来加以缓解（如图 2-1 中由"辛苦"向"辛苦减小"的曲线变化）。

这个算式整体上表明了辛苦和效用在现代奶业农场中是如何相互关联的，也体现了辛苦—效用平衡与农场产出的关联。我会在第五章再次提到这一点。

　　在日常生活中，图 2-1 所展现的这种复杂性是通过文化传统（由价值、规范、共享信仰和经历、集体记忆、经验法则等构成）来控制的，它为每个具体情境确定了具体的回应方式。例如，"一个好农民永远不会卖掉他最好的奶牛"。这可能是一个有些含糊的陈述，但在农民的日常生活中，它却是在资本形成和这头"最好的奶牛"优质后代等方面的一条精准的原则。这句话的潜台词就是，这样的一头奶牛值得付出辛苦劳动去呵护它。除了这条经验法则之外，还有很多其他相关说法。例如，"对于一个贫穷农民而言，一头好奶牛的风险太大"（如果这头奶牛突然死掉，这个贫穷农民面临的损失会非常大）。如果明白了这一点，那么一头好奶牛就更值得用心呵护了。简言之，对平衡关系进行主动的调整和再调整需要以道义经济为基础进行判断（Scott 1976）。这种道义经济不是外在于"经济机器"的，而是使这个机器运转的基本因素（Edelman 2005）。

这个特定的平衡关系也会给我们带来一些启发。我只简单提两点。第一，我们可以得出一个结论，在社会文化的影响下，小农阶级建立了致力于农业增长和繁荣（投入更多辛苦劳动，致力于资本形成的多重过程）的意愿，这一意愿是农业增长与发展的核心。第二，资本形成不一定要由国家（通过对小农阶级变本加厉的剥削）来组织。资本的形成也可以作为一个去中心化的过程，让小农人口积极参与其中。

关于"主观评价"

几十年来，恰亚诺夫的主要论著一直受到来自多方的强烈批评。在这里，我没有足够的篇幅（也没有这种意图）去讨论或反驳这些不同的反对意见。我只对其中一类批评做出回应。这类批评认为恰亚诺夫关于小农农场及其发展变化的理论只取决于"主观评价"，不是"唯物主义"的。

对不同平衡关系及其对农场组织计划影响的评价的确是主观性的，因为这些平衡关系是通过农业家庭户主策略性的深思熟虑和相应的"经济计算"（Chayanov 1966：86）而实现的，这种深思熟虑高度依赖于代际关系和性别关系。然而，这种评价也是客观的，因为这种深思熟虑考虑到并深刻体现了（"出于必要性"）（Chayanov 1966：87）农业家庭的物质现实（可用的土地、劳动力、消费需求、资本形成的需求等）及其所处的结构环境（市场情况、参与手工业和商业的可能性、价格水平、"城市文化的影响"等）（Chayanov 1966：84）。这种评价甚至是可以量化的（Chayanov 1966：87）。主观评价并不意味着反复无常，也不意味着脱离物质生活现实。相反，它正是要将物质现实（而且往往是不利的生活现实）考虑其中。重要的一点是，这些物质现实并不会自动产生影响，而是通过农民的主动观察、理解以及相对应的行动转化产生影响。所有这一切都是由草根行动者完成的，而且这些行动者具备以下能力：

> 处理社会经验和制定生活应对方式的能力，即便是在最极端形式的压力下。虽然受到信息、不确定性和其他条件（如物质的、规范的和政治经济的条件）等制约，但是这些社会行动者依然是有知识的、有能力的。（Long and Long 1992：22-23）

恰亚诺夫也非常清楚自己可能招致批评："由于使用了（这样的）术语（如主观评价、边际支出和均衡）[8]，很多走马观花式地阅读我著作的人或许会将我归入奥地利学派，从而不再深入关注我的研究。"（Chayanov 1966：220）然而，他的思路（和辩护词）是非常清晰而有说服力的：

> 边际效用学派（也就是奥地利学派）试图从主观评价中推导出整个国民经济体系，这是它的主要谬误所在。而我并没有这样做。我的全部分析都只是关于农场运转过程的分析。（Chayanov 1966：220）①

---

① 对于本书对恰亚诺夫《农民经济组织》一书的引述，为了尽可能保持国内译著的连续性，译者参阅了中央编译出版社 1996 年出版的译本（萧正洪译、于东林校）。——译者注

他继续补充道：

> 　　我要努力弄明白的是，从个体经济的视角（今天
> 我们会说，从参与的行动者视角）来看，家庭农场的
> 生产机器是如何组织的，它是如何应对一般经济因素
> 的特定影响和压力的，它是如何决定生产活动量的，
> 它是如何进行资本形成的。（Chayanov 1966：220）

　　最后，主观评价也是客观需要。既然小农农场中没
有工资支付，既然没有劳动—资本关系在内部对生产和
消费单元进行塑造，既然所要实现的均衡不是由外部因
素单方面强加的，那么，这种均衡就需要通过参与其中
的行动者的主观评价来进行内部评估。这种主观评价是
不可或缺的。如果没有这样的评价，那么结果将会是混
乱的、不匹配的各种要素的堆砌（一个运转失灵的"生
产机器"）。只有在有知识、有能力的行动者通过试验和
目标导向的方式将家庭和农场中的众多平衡关系加以协
调之后，才有可能成就农业的艺术。总之，主观评价是
农业活动所固有的。在一些特定的理论流派或特定的政
治取向中，边际主义计算可能的确是一个禁忌。但那又
怎样？其实我们应该做的是调整理论或重新确定政治立
场。我们不可能让小农停止精细核算，不可能让他们不

留意自己的利益和前途。那么做无异于让他们变成自己村子里的傻瓜（可参见 Shanin 1986）。

自我剥削

在恰亚诺夫的理论体系中，争议最多的或许就是"自我剥削"（self-exploitation）这个概念。在随后的几十年里，这个概念造成了相当大的困惑。这个概念被理解为"衣食不足的小农家庭为了获得收益而以伤害身心的方式折磨家庭的劳动力，而这一收益要低于一般工资水平"（Shanin 1986）。总之，小农的自我剥削似乎综合了考茨基关于消费不足（被用来解释小农阶级的持续存在）和列宁关于"掠夺劳动"（plunder of labour）的论述。因此，经济上的落后似乎就成了一个综合性的现象：小农太愚蠢，他们要将自己剥削到皮包骨头的地步。他们辛苦工作，变得像魔鬼一样，但即便如此也很难填饱肚子。

然而，恰亚诺夫对这个概念的所指却完全不同，他非常明确地指出了这一点。"'自我剥削'等同于小农劳动力的生产率，它是每个家庭工人平均水平上的净产值（net product）。"（Chayanov 1966：70 – 71）"自我剥削程度"取决于一系列因素，恰亚诺夫提到土壤肥力、农场与市场的距离、当下的市场环境、当地的土地关系、当地市场的组织形式、贸易的特征以及金融资本的渗透等。他列出很多因素，但所有这些因素"都不在我们目前的调查范围内"（Chayanov 1966：73）。恰亚诺夫将自己的讨论限定在小农家庭和小农农场的内部因素上。

当然，每个劳动者的净产值取决于劳动的强度和时间（或者说劳动辛苦程度）以及生产中涉及的其他成本（如种子和工具）和劳动的收益（也就是剩余产品销售获得的收入）。这些收入和成本在一定程度上取决于上面所列出的那些外部因素。在我看来，正是这个奇怪的用词（即"剥削"），才在后来引发众多困惑。在通常意义上，"剥削"这个概念假定的是两个人之间的关系：一方生产剩余产品；另一方剥夺剩余产品。但是对于一个人来说，生产了剩余产品后又把它收回，这显然是讲不通的。因此，"自我剥削"本身就是一个自相矛盾的概念，因为一个人不可能剥削自己。而且，剥削指代的是一种关系，这种关系不可能存在于孤立的单个个体之中。再者，自我剥削这个概念与恰亚诺夫理论的核心思想是相悖的，这使它更显得站不住脚。小农农场中的资本品并不是马克思意义上的资本，因为无法计算出利润（也就是剩余价值）。小农家庭的生产活动获得的是单一性的回报，就其本质而言，它是独特的、不可分割的。

在 1917 年之后，"当下的市场环境"、它的"组织形式"以及"贸易的特征"受到布尔什维克国家政权的深刻影响。布尔什维克政权对俄国农民粮食的过度征收，部分是为了支持重工业的建设。低价格水平、公粮征收以及高税负，这些都在以农哺工的重工业发展中起到重要作用。恰亚诺夫清楚地意识到，某些经济指令有可能凌驾于其他经济系统之上。布尔什维克系统就将自己强加于小农经济之上，以便从中榨取"原始积累"（Chayanov 1966）。

尽管当时围绕积累的不同模式展开了一场重要论争（Kay 2009），但是要直截了当地讨论"国家剥削"可能在政治上还是太冒风险。因此，"自我剥削"就成了一个替代术语，表明小农阶级为帮助国家社会主义建设而努力工作。然而，在现实中，这个词很快就成了认定小农具有经济落后性的一个标签（Kautsky 1974：124）。事实上，小农愿意做小农，这个理念在考茨基看来是不可思议的。同样，考茨基也无法理解"自古至今小农正是通过这种'自我剥削'而实现了进步"（Vlaslos 1986：158）。

注 释

[1] 一个"正常"的供给曲线假定价格的提升会扩大生产，价格的下降会减少生产。但是我们常常发现，当价格升高的时候，非洲农民反而生产得更少，价格下降的时候，欧洲农民却生产得更多。

[2] 恰亚诺夫在阐述小农生产单元时，很喜欢用"机器"这个比喻（如"运转良好的机器""经济机器"）。

[3] 在这里，M 指货币，C 指这一数量的货币所能获得的商品，M + m 指初始数量的货币（M）增加额外数量为 m（或剩余价值）之后的货币。这样，货币转化为商品，之后这一商品（尤其是雇佣劳动力）又被转化成更多的货币。

[4] 当然，这不排除资本关系向小农农场"渗透"的可能。我会在第四章和第五章讨论资本关系向小农农场渗透的几种机制以及它们的影响和理论含义。

[5] 关于这里的"小农经济"，恰亚诺夫的原文（德文译文）是 *und der lohnarbeiterlosen*，指没有雇佣劳动力的经济，也就是小农农场。

[6] 恰亚诺夫在这部分的论述可能有一点瑕疵：他没有讨论小农家庭自身对劳动—消费比率进行主动调整的可能性（如通过晚婚以及现今常见的生育控制方式）。可以参见霍夫斯蒂（Hofstee 1985）和内廷（Netting 1993：315），他们展示了乡村社会人口平衡的历史变迁。

[7] 类似的关系在别处也存在。欧洲的很多乡村社会运动（如近来发生的奶农罢工）之所以发生，也是由于农民普遍感受到"平衡被打破了"。

[8] "这些概念和方法……太特殊了，我要冒很大风险，因为在我和俄国读者间似乎找不到共同语言。"（Chayanov 1966：219）。

| 第三章 |

广泛的交互平衡

在这一章，我要讨论这些广泛相互作用的平衡关系。一方面，这些平衡关系与恰亚诺夫阐述的两个平衡（已在第二章做了简要归纳）相联系；另一方面，这一套广泛的平衡关系主要是在恰亚诺夫理论的学术传统中发展出来的，它可以让我们以一种连贯的方式去了解当下小农农业面临的问题和潜力。这一套平衡关系也有助于解释国家之间、地区之间、国家内部以及地区内部的小农群体的巨大异质性。我将按照逻辑的顺序来呈现这些平衡关系。

人与自然的平衡

究其根本，农业应该被视为一种协同生产（co-production），也就是社会与自然的相互作用（Toledo 1990）。

65

在这一意义上，农业可以被看作人与自然之间的持续互动和相互转化。人类利用自然并在此过程中改变了自然。但是，（以特定的方式）利用自然也对社会自身带来一定影响。对自然的改变需要具体的制度。因此，协同生产在改变自然的同时，也深刻地形塑并重塑着社会。我曾经问过法国一位葡萄园主（同时也是合作社负责人），为什么他把自己称为"农民"，他的回答生动地体现了这种协同生产的意味——"我是个农民，因为我以大地为生"。换个说法，他的话可以理解为"协同生产使我成为农民"[1]。

"人"和"自然"是不同的主体。然而它们却在农业实践中相结合，这就需要形成一个适当的均衡来满足不同的目的。农业必须提供足够的产品（来实现"以大地为生"）。但是它也需要重建自然，最好是能丰富、改善自然并使其多样化。利用和改变自然也意味着人们能够应对自然界的多元性、多变性和不确定性。进入协同生产的人们必须面对逐渐展开的生长周期（作物的生长过程，从犊牛到小母牛再到奶牛的生长过程），再将他们的观察融入生长周期，以或大或小的不同方式来加以调适。因此，劳动过程是以一种手工艺的方式来组织的，体力劳动和脑力劳动在其中紧密地彼此交织。在此方面，外部的发号施令只能带来不利的结果（Sennett 2008）。农业活动需要按照时空的独特性进行调整。恰亚诺夫在《社会农学》一书中写道："按照规划蓝图来进行农业生产是不可能的。"所有这些因素都决定了小农农场是一种更为理想的农业组织模式，是进行协同生产的最合适的组织制度。协同生产排斥标准化、完全的量化和教条的规划。所以，协同生产需要依靠小农农场，因为小农农场将协同生产的均衡发展与小农阶级的解放愿景联系在了一起。在微观层面上，小农农场在协同生产的实施和家庭劳动收入的提高之间稳固地建立起直接联系。

协同生产的核心地位蕴含着一系列深远的影响。第一，它意味着农业的发展不能被视为对假定支配着自然和经济的固定规律的应用实践。相反，它是持续的互动和转化作用的结果，这些互动和转化不断创造着新的系统，每个系统都具有自己独特的规律和潜力（见第五章）。协同生产意味着自然能够得到改善，新的潜力可能会出现。特定形式的协同生产塑造并重塑着景观（Gerritsen 2002），动物、植物、沼泽、林地、丘陵和溪流也会因之发生转变。当这些经过重塑的不同要素被重新整合在一起时，就能创造出新的生产潜能。

第二，自然资源[2]（如田地、牲畜和"乡村特性"[3]）的可塑性（或者更通俗地说，可转化能力）使农业能够实现内源性发展。增长和发展可以"由内"而生，我在第五章会详细讨论这一点。

第三，协同生产（以及内源发展的可能性）视技艺为核心。有了技艺，就能够"看到更广阔的图景"，就能够在社会和自然界中特别是在它们的互动中去观察、处理、适应和协调多个不同领域。

第四，重要的是要认识到，在小农农业中，人与自然之间的平衡关系本质上是一种互惠关系（参见文框 3-1）。

文框 3-1 人与自然的互惠

当意大利农民讨论他们与自己的田地、牛群和作物的关联方式时，他们很可能用到"精心照料"这个词（参见文框 2-4）。这一表述与手艺和匠人工艺有着密切联系，但同时它也指"照料呵护"或"提供照料"。这一表述本质上描述的是一种互惠关系（Sabourin 2006）。只有当"精心照料"成为劳动的核心时，土地、牲畜和作物才会回馈好的产出。进行照料绝不只是一种工具性的活动。在意大利小农的话语中，它预设着对劳动对象的激情、奉献和对相关知识的掌握。最后一点，它还需要家庭的自我供给：生产过程中所使用的资源应该是农业家庭自己所有。在农场的生产投入方面，要避免对市场的高度依附，因为这种依附关系会使"市场逻辑"成为农场活动的核心。市场逻辑会威胁甚至排斥"精心照料"的劳动精神。"精心照料"这个概念界定并体现了农民与其劳动对象之间的互惠关系。这种关系绝对不是一种商品关系。它是付出与回报，是礼物的双向流动。农民喂养并照料犊牛，给她庇护，让她顺利长成一头好奶牛，可能还会精心搭配饲料来满足这头奶牛的特定需求。作为对农民的回报，奶牛可能会产下健壮的、

产奶潜力大的犊牛。这样稳定的牛奶生产可能会持续多年。如维克托·托莱多（Victor Toledo 1990）所说，这是农民与自然之间的一种非商品交换。

这种互惠关系存在于世界各地的很多农业系统中。克塞尔（Kessel 1990：78）是一位在安第斯山区开展了几十年研究的人类学家。在他看来，这种互惠通过一种人格化的"隐喻意涵"（metaphoric connotation）得到强化：土地、作物、湖泊、水井、闪电、雨雾以及其他天气现象都被视为有生命的存在物，它们传递出不同的符号和信号。在此背景下，一些现象几乎是不言而喻的，例如，"这片土地（对于其受到的照料）是心怀感激的"，因此"她（土地几乎无一例外地以女性来比喻）也是慷慨的"（也就是乐于回报）。对虚拟语气的使用同样生动。当谈到劳动对象时，安第斯农民指的并不是当下的现实世界（一个一成不变的、被机械的因果关系支配的世界），因为如果指涉的是现实世界，农民就会使用陈述语气。相反，虚拟语气指涉的是可能性，是不断演变的现实和期望。它反映的是直觉。这并不是说安第斯小农是空想家，恰恰相反："农业技术操作的规范是奉献、理解和情感。"（van Kessel 1990：92）这些概念与之前讨论过的意大利小农的理念极其吻合，就像荷兰弗里斯兰地区的谚语——"如果你想在土地上生活，就必须给土地其所需要的"，这同样回应了这种施予关系（Ploeg 2003：94）。这种相似性绝非巧合。它们都根植于人与土地的互惠关系之中，因此，凡是有小农农业的地方，就会出现相似的语言表达。就像中国的俗语所说："人勤地不懒。"（Arkush 1984）

　　社会和自然都在协同生产和协同进化（co-evolution）中不断发生着改变。恰亚诺夫深刻意识到这一点。他在《劳动经济》（*Economy of Labour*）一书的后半部分写道："1917 年的小农经济早已不同于 1905 年。小农经济自身已经发生深刻的变化：农田的耕作方式和牲畜的饲养方式都不同于以往。小农销售的农产品更多，同时也购买更多的生产生活资料。农村地区的合作有了显著扩展，从而也深深改变了合作的本质。小农自己已经取得极大发展，并且变得更加文明。"（Chayanov 1988：136）

　　恰亚诺夫并没有详细展开论述这一平衡关系。这是完全可以理解的。正如之前讨论过的，19 世纪末期和 20 世纪初期的俄国几乎不存在土地稀缺的问题，由于公有土地的重新分配和土地租用的广泛存在，土地流转在当时非常普遍。这意味着只需要把已有的土地利用模式应用到更大面积的土地上，就能实现农业生产的增长。相比之下，对集约型农业的需求要小得多（即便出现了集约化，也主要是由于种植方式的变化）。在劳动驱动的集约化过程中，农民始终寻求持续的增长和进步，他们对资源的利用和组合方式进行精妙调整，从而使资源不断得到改善。这样，人与自然的互动也被不断加以重构。从一个集约化水平向更高集约化水平的变化，强调了农场实践的社会建构性以及社会安排与生态模式的持续转变。这种转变有时缓慢出现、不易察觉，有时则突然发生。需要说明的是，一些恰亚诺夫主义者，如弗里斯（Vries 1931）和蒂默（Timmer 1949），对这个特别的平衡关系给予了极大关注。他们都曾在印度尼西亚和荷兰从事研究，在俄国并不明显的现象在他们的研究地区却极为突出。

人与自然之间的平衡关系是对当代农业进行任何分析时需要首要考虑的。这是由于当下的农业和生态之间出现了多重断裂，也造成了日益严重的环境危机。

在社会和自然之间实现恰当的平衡关系，是所有农业活动一直关注的问题。农业时而偏离自然，时而又重新扎根于自然。约瑟夫·菲瑟（Jozef Visser 2010）记录了第二次世界大战结束后的一段重要历史，当时战争中使用的机械设备经过改造后被用于其他用途。于是，军火工厂被改成生产化肥的工厂（这种转换相对容易，因为二者的生产都是基于哈伯－博斯制氨法），装甲车生产线被用来生产拖拉机。战时为确保战争需要而制定的针对农业的很多压制性立法依然存在，无论是在曾经的同盟国还是在轴心国。"马歇尔计划"提供的农业科学技术中包含一项新方案，它体现了在美国发展起来的"企业式农业"，而这种农业方式与欧洲大陆占主导地位的小农农业方式大相径庭。在这一方案中，已经看不到土壤生物学的影子，也看不到对能够供氮的丰富的土壤生物的关注，取而代之的是土壤化学。最终，在战时迅速发展起来的物流"科学"在 20 世纪 50 年代中期之后被用于农业，带来所谓的欧洲农业现代化。这场运动后来又通过绿色革命被复制到亚洲和拉丁美洲的大部分地区。

现代化和绿色革命代表了和以人与自然协同生产为特点的农业活动的根本性割裂。化肥取代了土壤生物、粪肥和农民知识。工业精饲料取代了草甸、牧场、草地和干草。自然交配消失了，而人工授精、胚胎移植和计算机筛选牲畜良种开始占据主导。在今天的很多园艺管理中，电力照明取代了日光；在鸡舍里，现在 24 小时的饲养活动相当于过去两天两夜的饲养活动，以便加速鸡的生长。太阳能变得愈发不重要，而且逐渐被化石能源取代。所有这一切都意示着大自然作用的逐渐消逝，如果考虑到通过转基因等手段对自然中仅存的部分进行的再造，那么自然的作用就更加微弱。但是，改造自然的方式绝不止于此。例如，美国的大规模企业化奶业农场正在以一种令人咋舌的方式"重建"自然。这些大型"奶业工厂"的兽医在奶牛第一次产犊之后，就将它们的子宫完全摘除。这样做是为了使奶牛的荷尔蒙周期标准化，否则当奶牛发情、产犊、泌乳开始或结束时，它的荷尔蒙分泌会出现很大波动。这种波动需要对奶牛的饲养方案进行频繁调整，而这是与资本主义农场企业中大规模畜群的标准化管理相悖的。所以，在摘除奶牛的子宫后，为了让奶牛继续产奶，就需要经常注射生物激素（BST），而这些奶牛通常会在产奶1000天之后病倒、死去。就像我以前的意大利同事巴拉里尼（Ballarini 1983）所说，"技术动物"（technological animal）正在成为一种与自然和社会伦理相对抗的新的现实（所以也一直极为隐秘）。克隆、体外授精和食品工程都是为了大规模农业和食品企业的利益需求而征服自然的其他例证。

当然，也存在很多反向运动[4]。我们能看到的例子包括有机农业、低外部投入型农业（Adey 2007）、节约型农业方式（Ploeg 2000；Kinsella et al. 2002；Domínguez García 2007；Paredes 2010）以及为数众多的农业生态运动（Rosset and Martínez-Torres 2012）。这些反向运动都提出要对农业进行深刻重组，重新回归协同生产的模式。在这些运动的理念中，大自然再一次具有了核心的、与人类共同协调的作用。因此，这些反向运动正在让农业变得更加小农化。与此同时，它们也在让农学重新朝着恰亚诺夫的"社会农学"转向。

生产与再生产的平衡

农业不是一个攫取的过程（尽管不利的环境可能会使农业具有某些攫取的特征）。农业包含着生产和再生

产两个方面。它以所利用资源的不断再生产为基础。这
种再生产不仅包括上一节所讨论的"自然"，也包括使
农业顺畅运转所需的所有资源和所有要素。恰亚诺夫
常常将再生产称为"资本更新"（capital renewal）。他指
出，"很明显，小农家庭倾向于以最少的资源投入进行农
场的资本更新，通过这一过程最终最大程度满足自己的需
求，确保农场未来的稳定发展"（Chayanov 1966：120）。

安妮·拉克鲁瓦（Anne Lacroix 1981）深入讨论了
生产与再生产这一平衡关系的历史演变。在第一个历史
阶段，人们借助外部生态系统来更新资源。刀耕火种农
业就是一个典型例子：当一块田地地力耗尽时，人们就
会离开此块田地，并从大自然中再选一块新的田地[5]。
劳动对象和工具（参见文框 5 - 1）都取自外部生态系
统，劳动者则承载着如何利用生态系统的知识。

在第二个历史阶段，再生产过程转移到农场内部。
它成为农业活动的内在组成部分：施肥保墒的田地、精
心挑选的作物品种、改良的牛群以及新开垦的田地、牲
畜和作物都成了小农相对自主性的象征，小农以此为豪。
这种相对自主性使小农能够摆脱当地生态系统的严酷
制约。

在第三个历史阶段，也就是目前的阶段，再生产再
一次从农场中移出。再生产被外化给农业企业，这些企
业越来越多地生产并提供着劳动对象、劳动工具以及劳

动力应该遵守的劳动指南（Benvenuti 1982；Benvenuti et al. 1988）。在这个新的系统中，不再是由小农社区把自己的"符码"刻录到劳动对象和劳动工具中（如第二个阶段），而是由农业企业将一个经过科学设计的特定"符码"刻录到农场所需的不同人工制品中。这两类"符码"可能十分迥异。荷兰弗里斯兰地区的农民在自己的奶牛中植入的"符码"包含了农场中生产的用来喂养奶牛的粗饲料（青草、干草和青贮饲料）的重要性。与其相反，作为控制着牲畜精液和胚胎贸易的强大育种机构最主要的"人工制品"之一，荷斯坦牛的"符码"则典型地体现了工业化精饲料的核心作用。这样一来，依附性就成了它的内在特征。

生产和再生产的平衡很容易被打破。失衡可能是由外部因素引起的，但是危险同样可能由内而生。由内部引发的失衡最可能出现在农民追求短期效益的时候。19世纪上半叶，弗里斯兰的奶业就出现过这样的情况。当时的黄油价格非常高，农民将他们所有的牧场都用于饲养泌乳期的奶牛，以尽可能获得更多牛奶来制作黄油。小犊牛和小母牛被限制在农场边缘和潮湿的、植被环境很差的草地上，它们几乎得不到照料。总之，再生产被严重忽视，生产占据主导地位。它的后果在20年后开始凸显：奶牛品种的质量受到严重损害，奶牛的体型变得小得多，牛奶产量也明显下降。这个沉痛的教训成了集体记忆中的重要部分:"一个好的农民不是商人。"(这意味着创建和再生产一个高质量的资源库总是头等要事。)

然而,更常见的情况是,外部压力和内部动力的结合共同导致了失衡。一个当下的例子是秀美的热带水稻圩田(参见文框 2 - 1)的衰落,先是在塞内加尔的下卡萨芒斯地区(Basse Casamance),近来是在几内亚比绍。稻米价格的降低(特别是由于廉价的粮食进口、高度失衡的政府支持和未加计算的环境成本)使水稻生产的潜在收入急剧减少。再加上城市(和跨国迁移)的诱惑,大部分年轻人离开了村庄。因此,圩田的维护(通常是在旱季完成)几乎完全停止。这导致了产量的下降,导致那些曾经极其高产的圩田最终几乎被完全抛弃。也有一些由外部因素引发失衡的例子,特别是在拉丁美洲。其中的一个例子是农业银行的信贷政策。银行一般给生产性活动提供贷款(尽管金额严重不足),但对再生产性活动(如维护篱笆)不予任何资助,理由是这类活动是"非生产性的"。尽管再生产活动本身的确是非生产性的,但这个理由却是极其短视的,完全不了解保持生产和再生产之间平衡关系的重要性。

内部与外部的平衡

对于一个农场来说,无论处在哪个地理位置,除了由自己生产和再生产出的资源（即内部资源）外，都还需要外部资源。我们难以想象若没有外部资源，一个农场如何运转起来。然而，这些资源的性质、来源，特别是这些资源的获得方式及获得效果，都具有深刻而广泛的影响。

在很多情况下，内部资源和外部资源存在很大的可互换性。奶牛可以是在农场中再生产出的（经过挑选的小犊牛养成小母牛，在第一次产犊之后就可能替换一批老的奶牛），也可以是在牲畜市场上购买来的。农场可能会有自己的公牛（或许是和邻居共有的），但是配种所需要的精液同样可能是在人工授精站购买来的。

牛的饲养过程也是同样的道理。在饲料配给中添加的干草、青草、青贮饲料和富含蛋白质的作物可能是农场生产的，但粗饲料和精饲料可能从市场上购买。肥料可能是买来的，也可能是农场自己制造的（农场自己制造的肥料包括"精心积造"的粪肥和通过豆类植物、苜蓿进行的固氮）。劳动力可能是通过市场来组织的，但也可能由家庭或当地社区提供。"资本"可能是农场自己所有的（通过资本形成，但也可能通过积蓄），也可能通过资本市场获得。这一点在某种程度上也适用于农业机械。农业机械的使用可能通过不同机制来组织，这些不同的机制会以非常不同的方式调和市场的影响（参见文框 2 - 2）。在 20 世纪，农场资源是"制造还是购买"（即农场自己制造还是从外部购买），成了一个核心问题，并且推动了新制度经济学的诞生。可以说，小农农业是新制度经济学近乎完美的活教材（Saccomandi 1998；Ventura 2001；Milone 2004）[6]，因为小农农业中内部资源与外部资源的平衡关系就是如何在"制造"和"购买"之间进行选择。

图 3-1 对农场的内部资源与外部资源在技术上的可互换性进行了归纳，并指明了一些相关的资源流动（Georgescu-Roegen 1982；Dannequin and Diemer 2000）。图 3-1 表明农业是一个转化过程：资源被转化为有用的产品。这一转化过程包括两种类型的资源组织和资源调动。有些资源是在农场中生产和再生产的，其他资源则通过市场获得。生产过程则产生三个流向：一部分可销售的剩余产品在市场上出售，一部分在农场重新使用，还有一部分是不可避免（尽管数量或多或少）的损耗和排放。我们可以补充一点，农业生产之所以能同时产出用于市场销售的产品和用于农场再利用的产品，部分是由于大自然的物质性：当生产马铃薯时，也会收获种薯；当生产牛奶时，还会收获小犊牛（除非母牛的子宫被摘除）。当然，在必要的时候，种薯也可以拿来吃（或者从市场上买来的"改良种薯"取代现有的种薯），小犊牛也可能被卖掉以购买一头新品种小母牛。但重要的一点是，农民具有了尝试不同选择的空间。如果图中左上

方的流动相对于左下方的流动（所需资源的自我供给）占据主导，那么商品关系就会渗透到农业过程的核心。这会使农场依附于市场（特别是农业生产的上游），并且农场趋向于企业式的组织管理。然而，如果左下方的资源获得方式占据主导，那么就会出现相对的自主，农业活动也会朝着小农农业的方式进行组织。在小农农业中，市场主要是一种出口（在生产过程的下游）；企业农业和公司农业则实质上是由市场操控，它们需要遵从市场的逻辑。

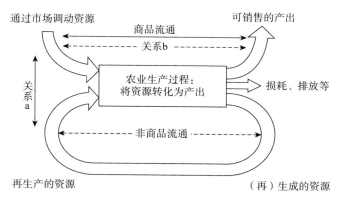

图 3 - 1　农业中的资源流动

外部资源的使用既可以带来机会，也会产生极其反常的结果。这意味着需要在内部资源和外部资源之间反复调适并构建一个缜密的、特定的均衡。依靠外部资源能够极大缓解农业家庭面临的劳动辛苦。但是高度依附于上游市场的农场也有被市场吞噬的风险。一个恰当的平衡关系[7]有助于建立相对的自主性：这种相对的自主性可以使农业方式与农业家庭的利益和愿景相匹配（见下一节）。

相对自主性（或者它的对立面——市场依附性）可以用"商品化程度"来衡量，且有不同的衡量方式。图3-1 指出了两种可能的操作化方法："关系 a"和"关系 b"。后者（与恰亚诺夫界定的劳动收入一致）在整个荷兰农业史上被小农看作他们的"净收入"（clean part）。这似乎成了一条通用标准：21 世纪的中国小农也用同样的方式计算，尽管使用的概念有所不同（Zhao and Ploeg 2009）。

恰亚诺夫认为商品化程度具有重要意义："在农场组织计划的诸多差异中，决定农场结构整体特征的最根本差异是农场与市场的关联程度——农场中商品生产的发展程度。"（Chayanov 1966：120-121）他的分析仅限于小农农场的产出这一方面。有些农场把大部分产品用于市场销售，其他农场则把大部分产品用于自我消费，只将一小部分产品作为商品出售（Chayanov 1966：121-122）。恰亚诺夫并没有分析单个农场在投入方面（即上游）市场依附性的差异变化，尽管他很清楚从 20 世纪初期开始农业已经逐渐从属于工业、贸易和银行业（Chayanov 1966：258-263）。

正如第二章所指出的，在恰亚诺夫的分析中，劳动收入是小农农业最核心的收入来源。事实上，如我们所见，它是"唯一可能的收入类别"。需要指出的是，劳动产值是由两类交易关系确定的。第一类是农场产出方面的所有交易，它们决定了总产值。需要注意的是，总产值与总产量并不一致，因为部分产出可能被农场自己使用。用于农场自身的这部分产出在图 3-1 中表现为再生成与再生产的资源流。第二类是在农场的投入方面，它囊括了所有的货币支出，恰亚诺夫称之为"物质支出"。因此，劳动产值等于总产值减掉所有的货币支出（在图 3-1 中表现为可销售的产出减掉通过市场调动资源的支出）。

农民需要对这两类交易进行平衡，以获得一个可接受的劳动产值。一种可能是尽量减少与外部资源购买相关的支出。这可以通过开发内部资源，并用内部资源代替外部资源来实现。这种方式受到农业生态运动的青睐，是当前主流农业发展趋势的反向运动。恰亚诺夫在他所处的时代就已经指出这种方式。尤其是在过去 60 年里，农场对外部资源的依附性显著增加。具有讽刺意味的是，正是这种趋势（及其相应后果）重新唤醒了古老的小农智慧——在农业生产的上游越是独立于市场，在下游的市场销售方面就越占据有利位置。因此，伴随着持续的商品化进程，我们看到越来越多（相对的）去商品化过程的同步出现。

自主与依附的平衡

当考察自主与依附这对平衡关系的影响时，我们必须考虑到"与财富的生产和分配紧密相关的社会制度"（Little 1989：118）。尽管农业经济毫无疑问是"一种包含社会关系和独立决策的有组织的体系"（Little 1989：117），但同时，它也通过所嵌入的依附关系而经受着对其剩余的攫取。利特尔（Little 1989：118）令人信服地指出，正是在这里，"阶级关系和攫取机制"进入了分析视野。为了阐述其观点，利特尔引用了维克·利皮特（Victor Lippit 1987）的研究成果，后者曾用剩余攫取的分析框架来分析传统的中国乡村经济。利皮特指出，这种传统的农业经济中存在着相当数量的剩余，而乡村精英有效地从小农和小手工业者手中攫取了这些剩余。"攫取的机制虽然不同——地租、利息、税收和腐败的课税行为，但效果却是一样的，即将乡村总产值的25%—30%从直接生产者手中转移到一小部分精英阶层手中"（Lippit 1987：120）。这造成了一种持续的停滞；小农缺乏生产资料，无法进行生产投资以进一步发展农业，而乡村精英则挥霍无度，靠攫取来的剩余实现享乐的奢侈生活。因此，正如利特尔（Little 1989：118）总结的，"剩余攫取的模式促使我们思考，精英阶层是在怎样的制度下才得以俘获生产性经济活动所创造的部分剩余的。这些剩余是由谁、怎样创造出来的?"与此相关的是,农业发展的方向"极大地取决于阶级体系中各党派的动机、机会和权力;阶级关系对这一阶级体系的格局起到主导作用"(Little 1989:118)。这里我们可以清楚地看出,恰亚诺夫主义理论并不排斥阶级分析(有时会被假定如此)。只要我们分析小农生产单元在其所处社会背景中的运行,就自然而然会涉及政治经济学分析(包括阶级分析)。当我们的分析在宏观层面展开时,如考察一个特定的政治经济形态如何影响农村发展时,同样会涉及政治经济学分析。这样,对小农单元的恰亚诺夫主义理解就需要被纳入这一分析框架,因为特定的政治经济形态是经由直接生产者而产生作用的,这些直接生产者试图在自己的生产单元中按照这些处于支配地位的规范来处理那些重要的平衡关系。

如果将恰亚诺夫主义理论和政治经济学分析都考虑进来,我们可以将小农境地(peasant condition)界定为,在面临依附和剥夺的结构背景下,为了实现自主性和收入提高而进行的抗争。这种结构背景可以用剩余攫取模型来分析,为了应对这一结构背景而采取的行动可以用恰亚诺夫主义理论来理解。在具体分析中,这二者是互为前提的。

农业历史学家斯利赫尔·范巴思(Slicher van Bath)

在其具有开创性的研究中很好地论述了这一点，他将
"农民的自由"（farmer's freedom）这一概念作为分析的
核心。这一概念包括两方面的含义："解放的自由"
（freedom from，免于被剥削和依附关系的相对自由）和
"行动的自由"（freedom to）。前者可以用政治经济学方
法进行分析，后者可以用恰亚诺夫主义方法进行分析。
"在家庭开销和责任的重压下，过去小农的行动受到制
约。"（Slicher van Bath 1978：72）他们未能摆脱众多依
附关系以及相应的苛捐杂税。因此，"净收入"（见上一
节）受到限制，这也制约了小农根据自身利益和愿景来
发展自己农场的自由："解放的自由"越少，"行动的自
由"越受到限制。斯利赫尔·范巴思观察到，这种双重
自由"是由多种因素决定的，而这些因素是由历史条件
决定的"。他还指出，"任何地方都不存在固定不变的自
由，它们无不受制于历史的演进与历史的事件"（Slicher
van Bath 1978：80）。

沿着同样的脉络，恩斯特·朗塔莱罗（Ernst Langth-
aler）对 1930—1990 年的奥地利农业进行了深入研究，
并得出结论："越是依附于市场要素且产品市场获得越多
的支配霸权，在资本积累和无产阶级化之间的阶级分化就
越严重；反之亦然，农场对资源库的自我控制越强，家庭
成员就越有能力应对其生活世界中政治经济系统造成的不
利处境。"（Langthaler 2012：400）他补充道，"处于官僚

体制和资本主义环境下的具有韧性的家庭农业系统就像个不倒翁，这个比喻的意思是，家庭农场会摇晃，但不会倒下"（Langthaler 2012：400）。他们不断（重新）设置各种平衡关系，以便再次建立所需要的均衡。

规模与集约的平衡

在农场的具体组织过程中，还存在另外一种需要仔细评估的平衡关系，那就是规模和密集度之间的平衡。规模指每单位劳动力对应的劳动对象（土地、动物等）数量。密集度（或称集约度）指每个劳动对象的产量（参见文框 5 – 1 中的详细讨论）。速水和拉坦（Hayami and Ruttan 1985）通过国际比较发现，可以通过两种不同的方式来增加农业收入，那就是集约化和规模化（当然还可能有多种组合和中间做法）。

这里我们有必要再回顾一下协同生产的概念。协同生产意味着农业具有可塑性。它可以以不同的甚至迥异的方式进行组织。这一点很重要，因为它使根据农业家庭的需求、利益和愿景制订"农场组织计划"（Chayanov 1966：118 – 194）成为可能。农场组织计划的这一制订过程是通过对不同平衡关系进行微调而实现的。

集约度和规模界定了一个二维空间（参见图 3 – 2）。在这个空间中，可以识别出不同的位置，也就是不同的农业方式。即使在生态、经济和制度条件相似的地区，我们也几乎总能找到一系列不同的农业方式（或者模仿恰亚诺夫的表述方式——经过不同方式调准的机器）。下面列出其中的一些农业方式。

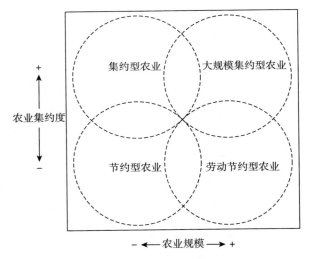

图 3 - 2　农业方式

节约型农业的特点是规模相对较小、集约度相对较低。按照速水—拉坦模型的分析，这种农业方式意味着贫困。然而，结果并非必然如此。这种以降低成本为核心的农业方式，指出速水—拉坦模型中的一个理论缺陷：没有考虑成本。这种农业方式中的平衡关系，是将外部资源消耗最小化，重点发展协同生产。这降低了依附性，扩大了自主性，同时也实现了资金成本（相对于农业增长）的最小化。这样就使农业生产的整体成本较低，而劳动收入较高（也可以体现为相对水平，如生产 100 公斤牛奶获得的劳动收入）。在风险条件下，这种农业方式具有很强的韧性。

集约型农业的核心目标是高产出（"优质奶牛"就是一个典型象征）。劳动节约型农业（"马力强劲的拖拉机"是一个最生动的标志）的目标是拥有尽可能多的劳动对象，而劳动投入尽可能少。这两种农业方式共同构成了引发激烈论争的农场规模与生产率之间的"反向关系"（inverse relationship）。反向关系的确曾经是农业中处于支配性地位的交互关系，这种关系今天依然存在，但已经不再是唯一的关系类型。在节约型农业方式之外，另一种农业方式已经出现，那就是大规模集约型农业。这种农业方式一方面是农业政策和技术发展共同构建的结果，另一方面也是农业企业家的经营策略。技术的介入表现为经过科学设计的新型人工制品（如隔间式圈舍、荷斯坦牛、氮敏感饲草品种和精饲料）的引入，实现了技术驱动的集约化，同时也扩大了农业的规模（见第五章）。农业政策在其中起到一定作用，推动了大型农场的出现（如通过投资补贴、空间重组等），还通过稳定价格提供长期的稳定保障。欧盟早期的共同农业政策就是一个例子。在这个过程中，农业企业家的角色就是接管其他农民手中的资源来发展农业。

小农与农业的艺术

　　恰亚诺夫在《社会农学》一书中，详细阐明了农业中异质性生产的一些基本过程：

　　　　生产者的个性与创造性、其农场的独特性与田地的质量，这些因素意味着个体农场总是会偏离平均水平。好奇心和对新方法的追求是所有农民的特征。因此，所有农场都处于运动状态，它们在广泛的尝试、探索和创新试验过程中不断发生着变化。（Chayanov 1924：2）

　　农场主动创造的异质性（这里集中表现为不同农业方式）与农业所处的外部环境中的诸多变化持续进行着互动。这些外部变化会对采取不同农业方式的农场产生不同影响。于是就会产生不同的选择。有些农业方式会更好地进行自我调整，以应对外部环境的改变；其他农业方式则会被边缘化。这就导致了进一步的差异和再选择，"这是农村发展机制的一般性特性……不存在集体意愿和总体意识，也不存在指令和计划"（Chayanov 1924：3-4）。强调这种差异性和再选择性，并不排斥农场会继续探寻最适宜农业方式的各种努力，恰亚诺夫认为最适宜的农业方式可以通过"社会比率"（societal ratio）来实现（Chayanov 1924：3）。这也正是恰亚诺夫提出社会农学的目的所在。这种对农业方式的中间类型和各种可能组合的创新性构建，始终是至关重要的探索。正如朗塔莱罗（Langthaler 2012：402）在他卓著的长期研究中所总结的，"正是家庭农业方式的混杂性，提高了家庭农业系统面对战后资本主义发展挑战时的适应力"。

逆境中求发展

今天，劳动—消费平衡的呈现形式与恰亚诺夫时代的论述已经相去甚远。对于生活在 20 世纪最初 20 年的俄国农民来说，他们的消费内容主要（尽管并不全面）是衣食之类（Chayanov 1966：122）。在此方面，农场可以自我供给，这自不必言。这些是小农农场显而易见的特征，特别是农民缺少的服务和物品还可以通过规范的社会交换而获得。农场的产品也用于市场销售，但之所以能这么做，是因为农场最首要的需求都通过自我供给和自我消费得到满足。

而在 21 世纪的当下，消费中的很多内容已经无法由农场自身提供，如教育、电力、移动能力（至少是在一定半径范围之外）、通信、奢侈品等。那些"必须满足的"需求（Chayanov 1966：128）已经发生很大变化。同样，当下农场运行所需要的一系列材料设施（拖拉机、能源、水泵等），也不可能再由农场自身生产和提供。"工作机器"已经被深刻改变。这两方面的变化意味着当下的劳动—消费平衡需要将广泛的市场考虑在内。劳动和消费之间的直接关系减少，二者间的间接关系（这预设了多个市场交易关系的组合）变得更加重要。考察当前的劳动—消费平衡关系，需要审慎地考虑多种市场、它们的交互关系以及对这些市场未来变化趋势的预期。家庭和农场的需求要以一种辩证的方式，与一系列相异而又相互依存的市场协调一致。农民对于这些不同的市场，既有适应，也有抗争。

第一，这些不同的市场共同构成了一个系统，对农业进行着挤压：上游市场不断涨价（从而导致成本增加），下游市场则价格停滞甚至报价更低。这样，产品价格和生产成本之间可获得的收入空间受到挤压，劳动收入随之降低。第二，这些不同的市场正在日益成为世界市场（愈发不能体现当地的、地区的乃至全国的稀缺关系）。尽管世界农产品总量中只有约 16% 进入跨国贸易，食物帝国——逐渐控制食物生产、加工、流通和消费的广泛网络（Ploeg 2008）——的出现和扩张意味着一套相同的标准、指标和规程已经在全球范围内被采用，这同样影响着所有那些没有进入国际流通和贸易的农产品。食物帝国的一个重要运作机制是逐渐把农业生产从原产区移出，重新移到劳动力、土地、水资源和环境空间更为廉价、更容易获得政治支持或者可以用金钱买来政治支持的地区。换句话说，食物帝国努力将生产转移到技术—制度条件有利于大规模公司化生产的地区。这种转移给小农农业带来突如其来的全面冲击。小农的市场进入权被切断，整个地区的经济活动可能被彻底摧毁。第三，当前市场体系的另一个特征是加剧了市场波动性。这种波动性部分与上述因素有关，但也有对未来市场进行投机的因素。第四，食物和农产品市场越来越多地暴露在一般性经济危机和金融危机的影响之中。为现存的生产活动提供融资信贷变得更加稀缺或更加昂贵，而大量消费者群体的购买力也受到严重影响。

　　所有这些都说明，当下小农农场的运行处在一个不利的艰难环境中。市场威胁着大多数甚至近乎所有小农农场的持续，尽管影响的程度不一。这还危及就业、收入和前途，同时也极有可能破坏掉小农家庭世代积累起来的祖产。总之，市场威胁最终带来的是失望、痛苦和饥饿，只是时间的早晚罢了。

　　前文已经提过，全球约有 14 亿人每天靠不足 1.25 美元过活（IFAD 2010），他们生活在极度贫困之中。他们中的大多数（70%）生活在农村。也就是说，全球约有 10 亿农村贫困人口。农村贫困人口中的大多数又在一定程度或很大程度上以农业为生。再加上那些稍稍高出赤贫线的人口，全球大约有 30 亿人口生活得非常贫困。他们中有很多人一直面临着饥饿。在欧洲很多地区，大部分农民的收入低于法定最低工资水平，很多人甚至面临破产的风险。东欧的情况尤其严重（Bryden 2003）。

在这种市场体系（这是当下帝国式食物体制不可避免的结果）中继续从事农业的行动，表现为一种抗争的形式（Chayanov 1966：267；Netting 1993：329）。重新加入小农农业也是一种抗争。目前加入这种抗争行动的人不在少数，而是有很多。很多小农积极探寻并在农业实践中主动调整和改变农业方式，尝试新的合作方法和合作方式。这样就出现了多种重新设计农业方式的进程，并极大地改变了农业生产实践（如扩大多功能性和重拾自主性）。这一重新设计农业方式的过程，也改变了农场之间以及农场与外部环境之间的关联方式，从而造就了小农农业高度的坚韧性（Oostindie 2013）。这一高度的坚韧性使小农在面对市场排斥时能够岿然不动，在面对引发饥贫困苦的外部力量时能够依然生机勃勃。

从不断抗争到重新设计和高度的坚韧性，在此过程中往往能够涌现新的公共资源。在欧洲、巴西和中国出现的新型市场就是一个例子（Ploeg, Ye and Schneider 2012）。同样，当拉丁美洲的小农社区重新获得对灌溉系统的控制权，并与试图夺取他们水权的国家和公司进行斗争时，新的公共资源也出现了（Boelens 2008；Vera Delgado 2011）。

我会在第六章详细讨论这些新的应对行动。需要指出的是，在重新设计过程中出现的这些新的并且常常相互关联的实践，基本上是以我在本章按照恰亚诺夫的思路所讨论的农业的可塑性为基础的。通过日常抗争，今天的小农重新校正了构成农场根基的一些主要平衡关系，并以新颖的方式重新联结这些平衡关系，从而使新的农业方式涌现出来并逐渐成熟。这些新涌现的农业方式与外部经济系统的机制和需求并不一致。这导致了新的裂隙出现，这些裂隙呼唤并推动了进一步的抗争与新的、更全面的应对行动。

小农农场

在前面所讨论的这些平衡关系基础上（囿于篇幅原因，其他一些平衡关系不在此讨论）[8]，我们可以对存在和运行于当下社会的小农农场进行总结。这个小结旨在强调三个关键问题。第一，今天的小农农场与历史上的小农农场之间，既有延续，也有不连续性和更新（不连续性和更新在一定程度上是由急剧变化的政治经济环境导致的）。第二，这个总结涵盖了南北半球：世界上不同地区的小农之间并没有本质的差异，也不存在任何固有的对立关系。第三，这个总结涉及的既有被边缘化的小农农场和贫困小农家庭，也有生产水平很高、经营良好的小农农场和富裕家庭。也就是说，它所指涉的是真实的现实以及现实中的潜在可能。

小农与农业的艺术

　　小农农场是农业家庭审时度势、深思熟虑的结果，其过程是复杂且动态变化的。正如小农农场在具体的时间和空间中所展现的那样，现实中的小农农场是农业艺术生动而多样的呈现。这种艺术的奇妙之处就在于对农场中的每一个平衡关系进行精心调整，并娴熟地协调一系列不同的平衡关系。这样就有了田地和牛群的重整、作物品种的精心挑选和改良、劳动投入的确定、资本的形成、知识的形成和网络的扩展。这一系列平衡关系联结成为一个连贯的统一整体，转化成为农场的组织计划。

　　农业的艺术是对农场以及构成农场的诸多要素进行审慎而战略性的构建，它并未将农场与外在的政治经济环境相分离。这门精心平衡一系列关系的艺术，也需要将来自外部环境的规范、机会和挑战考虑在内。这些挑战、机会和规范不是径直进入农场运行中的，相反，它们总是经过农民的调和。在此过程中，农民会综合考虑农场经营面临的各种起伏波折。这些外在因素也构成了一种平衡关系，由农业家庭以独特的方式加以平衡。因此，普遍性的外部环境对农场的实际影响也是千差万别。农业的艺术在本质上与异质性的再生产相互交织。尤其是，异质性也成为农民审慎思考过程中的一部分，它会引发争论（哪种实践方式效果更好），并可能引发变革（当出现断裂的时候，那些具有高度韧性的实践方式可能会激发更多实践活动，从而成为剧烈变迁的信号）。

　　小农农场的异质性绝不是说"不可能进行任何简单的经验概括"（Bernstein 2010a：8）。考虑到小农在当下社会中的地位，以及他们为改善生计而进行的抗争主要是通过对其农场的塑造和重塑这一现实，我们可以从六个方面概括和阐释小农农场的特征。这六个特征既有理论基础，又经得起经验验证。

　　第一个特征可能最重要，即小农农业在既定环境中尽可能多地生产附加值（或者说劳动收入）。因此，小农农业本质上是有助于经济增长的。但是，这也需要一个条件，否则小农农业对经济增长的贡献可能会被遮蔽，例如，当小农创造的价值被食物帝国或者国家等第三方侵占的时候。这种侵占（或者汲取）也许会广泛存在，以至于遏制任何进一步的经济增长、资本形成和乡村发展，甚至引发小农农业的失活（一种我们正在亲历的农业演变形式）。

　　小农农业重视附加值的创造和扩大，这反映出小农的境地，无论是在短期、中期还是在长期的时段内，小农农业都会通过独立自主地创造收入来应对不利的外部环境。在此方面，小农阶级无疑体现了一种现代性。拉洛（Lallau 2012）和德莱亚热（Deléage 2012）近来也论述了这一点。附加值的生产在小农农业中的核心地位似乎已经无需多言，然而它却是将小农农业模式与其他农业模式相区分的决定性特征。与小农农业模式直接创造附加值相比，企业农业模式的目标在于竭力兼并其他农民的资源库，资本主义农业模式的目标则是创造利润（虽然总附加值是减少的）。当这三种农业模式处于同等条件下的时候，小农农业的产量最高、生产能力最强，并且不断致力于自身资源库的进一步发展与完善，因此也是最可持续的农业模式。针对小农农业的这些结论，无论是在发达国家还是在发展中国家都同样适用。

显然，农业所嵌入的外部环境严重影响着附加值的水平及其长期变化。尤其是，小农农业需要一定的自由空间来实现它的潜能。如果不能获得这种空间，受外部环境施加的消极影响，小农农业实现潜能的能力就会受到阻滞。因此，小农抗争体现了小农农业与整体社会之间互动的多面性。

第二个特征关系到每个小农单元生产和消费所能利用的资源库，即资源库是受到限制的，而且几乎总是面临压力（Janvry 2000）。部分原因在于小农农业的内在机制问题，例如遗产继承通常意味着在越来越多的新生家户之间对有限的可用资源进行分配；部分原因在于小农农业面临的外部压力，例如气候变化或出口型大公司企业对资源的侵夺。通常，小农不会为了抵消外部压力而采取与生产要素市场建立实质而长久的依附关系的方式来扩大自己的资源库。这一做法与小农对自主性的追求背道而驰，同时也隐含着高昂的交易成本。资源的相对稀缺性以及这种稀缺性的不断加重，使技术效率的提高变得更为重要（见第五章）。在小农农业中，这又意味着在给定的资源条件下要实现产出最大化，且不损害资源的质量。

第三个特征涉及资源库的数量，即资源库中的劳动相对充足，而劳动对象（土地、牲畜等）相对稀缺。如果与第一个特征相结合，则意味着小农生产倾向于劳动集约，资本形成往往通过劳动投入而实现，农场的发展轨迹也会表现为劳动驱动的持续集约化过程。

第四个特征涉及资源库中交互关系的重要性，即资源库不能被分割成相互对立或相互矛盾的元素（例如，劳动对资本，体力劳动对脑力劳动），相反，可以利用的社会资源和物质资源在这里表现为一个有机整体，由那些直接参与劳动过程的人控制和拥有。用一个更加政治化的说法，它是一个自我调节的单元。支配行动者之间相互关系以及确定他们与资源之间关系的规则，往往嵌入并且来源于地方文化传统，其中也包括性别关系。恰亚诺夫式的那些内部平衡关系也发挥了重要作用。

第五个特征关注的是劳动的中心性（与前面几个特征密切关联），即小农农场的生产力和未来发展主要取决于劳动力的数量与质量。与此相关的一些方面包括劳动投入的重要性（梯田、灌溉系统、设施、精心选择和改良的牛群等）、所采用技术的性质（技艺导向的技术还是僵化呆板的技术）以及小农的创新性。

第六个特征涉及小农生产单元与市场之间的独特关系。小农农业的基础是持续巩固的、相对自主的再生产（这也是小农农业的重要追求）。在小农农业里，非商品性流动与商品性流通同样重要。每个生产循环都建立在前一个周期生产和再生产出来的资源基础之上（参见图 3－1）。因此，这些资源作为非商品进入生产过程，被用于生产商品，同时也帮助实现生产单元的再生产[9]。

上述这些特征共同汇聚成为小农农业的独特特征，即致力于寻求和创造附加值与生产性就业，尽管这个特征常常被误解和歪曲。在资本主义农业和企业农业模式中，利润和收入水平可以通过降低劳动投入或吞占他人的资源库（无论以何种方式）来获得提升。相反，小农农业则力求将单个农场附加值的持续增加与整个小农社区附加值的增加联结在一起。

在小农社区的整体层面，一个特定家庭对一个特定资源库的拥有是得到普遍认可的。在小农社区的文化传统（或者道义经济）中，对毗邻田块的兼并或占有绝不会被视为进步，对于小农社区整体来说这无异于自我毁灭。因此，个体小农家庭都是凭借自己拥有的资源和自身的努力来实现进步，尽管他们为此奋斗的节奏不一，获得成功的程度也不同。这在小农社区或者区域经济层面促进了附加值的整体增加。在资本主义农业和企业农业中，个体企业层面的增长通常意味着更高层面附加值总量的停滞甚至是减少。小农经济则不会出现这种情况。

关于分化

　　前面章节提及了激进左派激烈论争的另一个议题：小农社会的分化或分层。农业中的异质性涵盖了很多维度，但人们常常使用分层的概念来描述小农场和大农场（无论以什么方式衡量）、贫困家庭和富裕家庭（通常被认为分别和小农场、大农场对应，尽管事实并非如此）之间的差异。这是基于这样一种假设，即小农社会是由不同阶层构成的，而阶层会出现分异，从而发展成相互对立的阶级。即便如此，这一假设仍然存在很多问题。尤其是，导致出现不同阶层的分化动力从何而来，分层带来的结果和影响是什么？

　　这里存在两种不同观点。马克思主义和列宁主义关注的是阶级分化。与之相对的是恰亚诺夫提出的人口分化观点。

　　马克思清晰地阐述了关于阶级分化的经典观点：

　　　　用自己的生产资料进行生产的小农，要么会逐渐转变成剥削他人劳动的小资本家，要么会丧失生产资料……被转变成雇佣工人。这是以资本主义生产方式为主导的社会的发展趋势。（Marx 1951：193 – 194）

　　根据这一理论，农村最终会成为农民资本家、为其工作的雇佣劳动力和尚未消亡的小农聚居的场所。对于尚未消亡的小农，还可以进一步划分为三种类型，即注定成为无产者的"小"农，被夹在中间的"中"农，近似于农民资本家的"大"农[10]。恰亚诺夫的人口分化模型则提供了一个不同的观点。他认为农场规模上的差异总的来说是暂时的，因为它随着小农家庭中劳动—消费比率的变化而变化。一对年轻夫妇起初经营的是小农场，当消费者数量相对于劳动者数量增加时，农场面积就会扩大。到这对夫妇上了年纪、子女各自开始自己的生活，农场面积又会再次缩小。恰亚诺夫在《农民经济组织》一书中详细记录了劳动—消费比率与农场规模的多种变化情况（Chayanov 1966：242 – 257）。在他之后，其他学者如费孝通也指出，人口周期可能会横跨四五代人（Fei 1939；Yang 1945：132），并使农业方式发生显著变化（Garstenauer et al. 2010）。

　　恰亚诺夫承认，事实上当时的俄国农村存在"两股强大的洪流"，即阶级分化和人口分化，这两者往往以复杂的方式交织在一起（Chayanov 1966：248）。后来，丹尼尔·利特尔（Daniel Little）呼应了恰亚诺夫的观点，认为两个过程都可能发生，只是不同时期强调的重点不同。另一方面，"列宁主义者"则坚称，即便存在人口分化，也是无关紧要的。

如果我们作为历史见证者再去回顾当时的那场论战，或许可以得出结论，尽管存在一些例外，但 19 世纪 80 年代以来的世界农业并未出现如上文马克思主义者所坚信的那种严格而普遍的阶级分化。历史的发展恰恰相反。尤其是，在 19 世纪 80 年代和 20 世纪 30 年代的国际农业危机时期，资本主义农业出现了衰退，甚至在很多地区彻底消失了。哈丽雅特·弗里德曼（Harriet Friedmann 1980，1993）曾雄辩地讨论和分析了当时美国大平原上资本主义农业的衰退，范赞登（Zanden 1985）也记录了这一现象在欧洲的出现。内廷（Netting 1993：296）则对这一现象进行了整体的讨论。

与此同时，讨论的重点也转向了新的分化机制——这些机制产生的影响与一百多年前人们的预期截然不同。第一个新的分化机制关系到企业农业的出现。企业农业模式的运转核心是兼并，而兼并他人资源在小农农业中受到强烈限制，甚至被视为禁忌。农业企业家（现代化和绿色革命进程中出现的一种角色和身份）从他人手中兼并土地、水、份额、品牌和市场进入权（Ploeg 2003），从而加快农业企业数量的增长（Gerritsen 2002，他记录了墨西哥农业企业的这一发展过程）。

第二个新的分化机制是关于当下大型资本主义农场企业的再度出现，特别是在南半球国家（Schutter 2011）。这些大型资本主义农场企业与食物帝国有着密切联系，甚至本身就是食物帝国的组成部分。这些新的资本主义农场企业，在现今还通过土地攫取和水资源攫取建立起来，不再与小农农业就价格进行竞争。它们的"竞争力"主要是基于对农产品购销渠道（通常是全球性渠道）的控制而实现。在这种控制中，起决定作用的是特许权、认证、产品标准化和销售量。总之，它们的"竞争力"是建立在超经济强制基础上的。所有这些新的分化形式，都对当今世界的小农阶级构成了严峻威胁。

注　释

[1] 恰亚诺夫也对此进行了更一般性的讨论，他指出，"农业生产的生物特性使其与城市工业相区别……这也是农业中的大企业和小企业与城市资本主义工业和手工业中的工场绝然不同的原因"（Chayanov 1923：5）。这一部分的介绍在索纳编译的那版《农民经济组织》中被略去了。之后曼和迪金森（Mann and Dickinson 1978）发展了这一观点。

[2] 这意味着目前的牲畜品种、作物种类和土壤肥力水平应该被视为社会建构的结果。它们是漫长而复杂的协同进化的产物。例如参见松内费尔德（Sonneveld 2004）。

[3] 恰亚诺夫有时会用到这种表述。我会在本章后面部分进一步讨论。

[4] 国际农业科技发展评估（IAASTD）的报告（IAASTD 2009）对这些运动在社会和知识方面的力量给予了明确认可。

[5] 意大利农业历史学家塞雷尼（Emilio E. Sereni 1981）将这一过程优美地描述成"驾驭红牛"，用来比喻对焚烧林地的恰当控制，用"红牛"来比喻清理林地时放的火。

[6] 在新制度经济学框架里，"购买"涉及交易成本——在购买产品的价格之外的成本。例如，你可能以某个价格购买了干草，但是如果你不知道干草的来源（可能是施撒了大量剧毒农药的葡萄园），就会存在很多风险（如奶牛中毒）。这种风险，或者说获得产品或服务来源和质量相关信息的成本，就称为交易成本。在新古典经济学看来，积极构建的自我供给（也就是相对自主的、有长期保障的再生产）与高度的市场依附这两种状况之间没有明显差异。对于新古典经济学者来说，他们只需要计算既有的市场价格就能做出选择。这与恰亚诺夫的观点（以及制度经济学者的观点）截然相反。

[7] 在这里，文化传统（或者说道义经济）很关键，尤其是普遍性价值在遏制市场机会主义方面具有重要作用。对于这一点，霍布斯鲍姆（Hobsbawm 1994：342）提到"人类行为的基本动机"，如"劳动的习惯"（habit of labour）。他认为，"即便建立在市场运作基础之上，资本主义制度也始终依赖于若干癖性，这些癖性与个体利益的追求没有任何内在联系，但这些癖性成为资本主义发展

的动力"。除了劳动的习惯之外，这种癖性还包括：人类长期以来延缓即时满足感的意愿，即为未来的回报而节省和投入、对成就的自豪、相互信任的习俗，以及在（利润的）理性最大化中不曾体现的其他态度（Hobsbawm 1994：342）。霍布斯鲍姆认为，虽然资本主义部分依赖于这些价值，但同时它也在摧毁这些价值。

[8] 这包括短期和长期之间的平衡，它决定了过去、现在和未来之间的相互关系，已知和未知之间的平衡，创新和守旧之间的平衡，以及小农家庭和农村邻里或社区之间的平衡。我们可以在人类学研究中看到有关这些平衡关系的丰富资料。例如，参见达伦伯杰（Durrenberger 1984）和龙（Long 1984）。

[9] 正如前面所讨论的，这个模式与市场依附型再生产完全不同。在后一模式中，大多数资源或所有资源都是通过市场组织起来的，且作为商品进入生产过程。这样，商品关系就真正渗透到劳动和生产过程的核心。

[10] 后一部分与新古典主义经济学在 1960—2000 年这一阶段论述的分层体系惊人地相似。

| 第四章 |

小农农业的宏观环境

　　在第三章，我已经指出农业家庭和农场单元中包含的不同平衡关系对广泛的、普遍的社会关系所产生的影响，这些社会关系同样体现在农场和家庭中。内部平衡通常是由农业活动的直接参与者确定和调整的，但是外部平衡就并非如此了，这就是本章所讨论的内容。

　　外部平衡关系并不位于家庭和农场内部，也不存在于二者之间，而是位于农业部门整体与其所嵌入的社会和市场的界面处。外部平衡关系不能由个体农民设定和左右。然而，显而易见的是，这些平衡关系对个体农场和个体农业家庭具有相当重要的影响。

　　恰亚诺夫并没有明确地讨论或将这种外部平衡关系理论化，尽管他著作中的一部分比较间接地提到这些影响（特别是 1966 年版的第六章）。他的书中有关于小农经济如何可能影响劳动力市场的论述（Chayanov 1966：240），直到很久以后才出现在路易斯·努德（Luiz Norder 2004）的研究中。同样的例子还有国家政策对小农阶级的影响，恰亚诺夫在《农民合作社理论》中关于横向合作与纵向合作的研究已经对此做了阐述（Chayanov 1991）。当然，之后还有小说《我兄弟亚历克西斯的农民乌托邦之旅》（Chayanov 1976）。恰亚诺夫在小说中使用了化名，这让他能够更加直白、更加清楚地表达自己的观点。这篇小说包含了对于"城乡最优均衡"的颇具煽动性的讨论（Kerblay 1966：xlvii），即在乌托邦里不再有任何大型城市。恰亚诺夫也撰写了农业集约化以及小农在社会中的作用等内容。且早在 1920 年，他就展现了先见之明，预言布尔什维克统治的终结和直接民主的建立。

市场境况与交换关系

第一个外部平衡关系是农场和下游市场之间的相互关系。市场的运行因不同的时空而异。有些市场表现出价格下跌的长期趋势，而有些市场，如恰亚诺夫所说，则表现出"市场境况的改善"（Chayanov 1966：83，105）。意大利农民将这种境况称为"一个拉动型市场"，意即一个激发农民生产更多产品的市场。这是一个有利于资本形成的市场，因为农场产品获得的价格高于生产成本。积极的预期（即对价格将处于相对高位的期待）又进一步促进了这种境况。当价格水平较低并且可能持续下跌时，相反的市场境况就会出现，也就是我们说的不利的市场。这类市场境况几乎难以确保农场的维续和再生产，它会抑制进一步的资本形成，阻碍农场的发展。此时，生产者必须忍受这段艰难时期，甚至可能不得不大大降低生活标准以生存下去。这种市场境况可能是"城市偏向"（Lipton 1977）和全球依附关系（Galeano 1971）的结果，也可能源自当下食物帝国对农业的挤压。

这两种市场境况对不同类型的农场会产生不同的影响。农场里内部资源与外部资源之间的平衡，在很大程度上决定了这些力量如何在微观层面产生影响。图4－1以简化的方式总结了这些互动关系。箭头指的是世界农业最近几十年来的主要趋势。

图4－1指出农场和市场之间可能存在不同均衡。这些均衡被农场单元吸纳和转化，从而影响不同的"内部"平衡关系（如效用会受到严重影响）。然而，农场和市场之间的平衡关系绝不是静止不变的。小农可能会从某些市场中退出又进入其他市场（生产多种产品的农场具有相当大的灵活性）。他们可以将合作社作为一种抗衡力量，当出现极端的失衡现象时，他们会在街头集会、呼吁国家干预。他们甚至可能自发组织起新型的市

场渠道（Ploeg，Ye and Schneider 2012）。

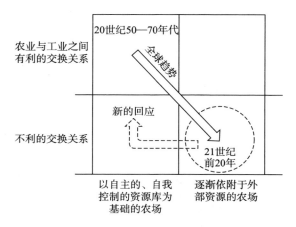

图4-1　市场与农场的互动

　　当下，很多小农生产日益依附于外部资源，与此同时也面临不利的交换关系。很多小农由于新自由主义计划而陷入这一艰难处境。新自由主义摧毁了农业政策，推动了市场自由化和全球化，为所有施于资本之上的管控松绑。在新自由主义的大力推动下，农业的主体从处于相对有利市场境地、相对自主的生产单元（当然也会有例外），转变为面对不利市场境地（如图4-1中的箭头所指）、严重依附于上游市场的生产单元（见第三章）。这种转变的结果是，南方国家和北方国家的很多农场日益难以为继[1]。作为应对，全球各地很多农民正在努力从图4-1中的右下方位置朝左下方位置移动，以便更好地面对不利的市场（也就是使农业经营更加小农化，更加立足于自身资源）[2]。一些小农甚至试图通过新型市场和市场渠道的建立，从图 4-1 中的左下方位置移到左上方。这两种尝试都促生了当下丰富而多维度的农民运动。不过，尽管已经赢得较高的社会关注，但这些努力仍然是极为例外的情况，并没有成为常态。

人口流动与城乡关系

市场不是连接农业与城镇经济的唯一机制，人口流动一直以来也非常重要。人口流动可以表现为多种形式。它可以是一种从乡村到城市、建筑工地、工厂、港口和其他非正式部门的单向人口流动。城市边缘地带的大量贫民窟几乎是这一过程不可避免的结果（Davis 2006）。农村贫困或发生在乡村的战争可能是人口流动的一个推动因素，但是城市经济有时相对较高的工资（Chayanov 1966：107）也可以成为将人口引向城市中心的一股拉力。小农常常会给城市经济活动的开展提供非凡的技能。第二次世界大战后的意大利就是一个例子。当时的佃农将他们的社交网络能力带到城市，开创了生机勃勃的中小企业部门，从而成为意大利战后经济"奇迹"的重要部分（Bagnasco 1988）。

然而，乡村人口外流（无论具体形式如何）的消极一面是可能引发乡村的衰退和空心化（Chayanov 1966：

107 – 108）。如果人口流动以周期性的、非线性的方式进行，那么就可以避免这种消极影响，尽管其他消极影响还可能出现。周期性流动的特征是年轻人离开乡村去体验城市生活，开始挣钱和攒钱（通常只有在订婚或结婚之后才会攒钱），他们或晚或早再回到村庄，投资于农业、小商业和小型企业。这种人口流动模式往往能给农业增添巨大活力，在欧洲农业中发挥了重要作用，如今也是中国农村社会的一种重要现象。如果不能理解连接起农业与城市和工业的多种多样的周期性人口流动模式，就不可能理解中国农业（Ploeg and Ye 2010）。这种周期性模式有时也适用于跨国流动。

长期以来，在城市经济中工作同时又保有自己农场（通常由他们的配偶或父母打理）的小农推动形成了一个强大的劳工阶级，这个劳工阶级能够在很多社会运动中屹然挺立。他们之所以能够做到这一点，正是由于他们所具有的退却方案：自己的农场。奥塔尔·布罗克斯（Ottar Brox 2006）记述了挪威的例子。20 世纪初形成的挪威劳工阶级具有深厚的农村根基，他们极大地促成了一些决定性的抗争活动，最终实现了国家社会生产财富相对公正的分配。这种分配机制今天依然体现在挪威的生产关系中。在全球生产石油的国家中，挪威可能是唯一将石油产业的巨大利益用于所有国民而不是被寡头或私人资本攫取的国家。

简言之，人口流动是城乡整体平衡关系中的重要元素。有些人口流动形式会逐渐削弱乡村的活力，有些形式则能够有力地推动乡村的复兴。其中的一个决定性因素就是文化内涵，即在人们的价值判断中重返乡村、改善乡村是否重要。

食品加工与食物贸易

纵观历史，食品加工与销售环节的"外部化"是一个不断发展的过程。今天，大多数农业活动仅限于生产和运送原材料，这些原材料之后由专业化的食品企业进行加工，很多食品企业以帝国的方式在世界范围内运行（Bonnano et al. 1994）。贸易则逐渐由大型商贸公司和零售连锁店控制。与此同时，农业企业控制了初级农产品生产中的投入资料。因此，这些企业、公司和连锁店构成了一个网络（Vitali et al. 2011），这一网络越来越成为榨取农业利润的一套体制。

农产品初级生产者和食品工业之间，已经远远超越商品对货币的"简单"交易关系。在恰亚诺夫时代，他已经观察到：

贸易机器关注的是流通领域商品质量的标准化，它也开始积极地干预农民生产的组织和过程。它制定技术标准，分配种子和肥料，决定轮作方式，把农民农场变成它设计的技术方案和经济计划的执行者。（Chayanov 1966：262）

后来，意大利农村社会学家布鲁诺·本韦努蒂（Bruno Benvenuti）对此方面进行了全面的理论论述。他发现商品关系中伴随着"技术—行政"关系，且二者交织在一起（Benvenuti et al. 1983）。这两种关系共同形成了一个体制框架，明确规定了农民需要做什么、何时做、怎么做以及先后顺序。这个结构几乎完全消除了第三章中讨论的农民"行动的自由"。因此，在本韦努蒂看来，"农业企业家"就像个"幽灵"，远没有享受到自行进行企业决策的自由空间，而是被他人，特别是食品企业、贸易公司、零售连锁店、农资商、银行和国家机器制定的脚本所束缚（Benvenuti 1982；Benvenuti et al. 1988）。

在恰亚诺夫时代，合作社仍然代表着一种有效的抗衡力量。合作社是以阶级为基础的（Chayanov 1991），它给小农经济带来大规模经营的优势。

小农合作社以一种高度完美的形式。体现了小农经济的一种变化形式，它使小规模商品生产者能够在他的经营计划中摆脱那些假定大规模生产比小

规模生产具有绝对优势的计划要素，并且不必舍弃
自己的个性。小农能够和邻居共同管理这些要素，
从而实现这种大规模的生产形式。（Chayanov 1991：
17 – 18）

时过境迁，以前的合作社如今已经变得像食物帝国
般对待小农。因此，新的合作社结构不再蕴含连接起小
农和一般商品市场的希望，新的乡村运动反而试图建立
新的"公共资源"，即嵌入在由生产者和消费者共享的
新型规范框架中的新型市场。这些新型市场大多出现在
裂隙处，即大型商品市场的运行令人失望的地方。同样，
食品加工行业中的贸易条件也不再是讨论的主要议题。
现在的主要议题是，能否以及在何种条件下将食品加工
重新整合到农业或地方经济之中。这个问题特别有意义，
因为新的小型化生产技术已经具备实现这一愿望的潜力。
将食品加工和食物贸易重置于农场经营之中，已成为当
下乡村运动最强烈的呼声之一（Schneider and Niederle
2010）。

国家与农民的关系

国家直接或间接地反映并支配着城市与乡村经济之
间的关系，以及由此产生的市场与初级生产者之间的关

系；它还决定了人口流动的性质，以及农民、商人和食品加工商之间的相互关系。不仅如此，国家还是一个将自身印迹强加于乡村之上的自发力量。因此，权力关系的平衡，即不同社会力量之间的相互关系，成为需要考察的重要主题。图 4-2 阐释了这一点。它展现了秘鲁北部一个农业合作社产量水平（即单位面积土地上的实际产量）的盛衰浮沉。这里展现的产量水平是合作社种植的水稻、高粱、棉花、玉米和香蕉等所有作物的平均产量。这个平均值以相对指数表示，以 1973—1974 年的产量作为基准点 100。

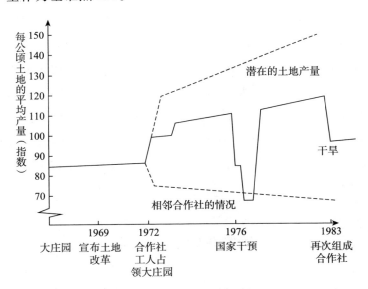

图 4-2　秘鲁北部"战斗者合作社"的产量变化
（20 世纪 60—80 年代）

　　这里的关键问题是，产量水平精准地反映了国家介入之下的乡村权力关系。1969 年，秘鲁《土地改革法》颁布，但直到 1972 年劳工工会决定占领大土地所有者的土地、建立新的合作社，产量水平才有明显飞跃并保持增长势头。这明确地体现出初级生产者在生产过程中权力的增加。这种情况一直持续到 1976 年，当时国家对合作社进行干预，接管了合作社的控制权并将雇工减半。这导致产量水平大幅下降，直到经过长期罢工国家任命的工程师撤走才有所恢复。之后的产量水平继续增长，直到 1983 年该地区遭受严重旱灾。

　　这个合作社（"一月二日战斗者合作社"，*Luchadores del 2 de Enero*）的产量远远高于相邻合作社的产量。这是由于劳工工会的存在，它将谋求更多就业的抗争转变成集体性的劳动驱动的集约化（见第五章）。事实上，产量水平原本还可以更高。缺少充分的"解放的自由"（摆脱银行系统、大型贸易公司和国家机构的剥夺，以及对它们的依附）使合作社的表现相对欠佳（Ploeg 1990）。

　　国家和农民之间的平衡极其重要[3]。如前一个例子所示，这种平衡关系往往体现在田间以及田间的生产过程中。詹姆斯·斯科特对这一平衡关系的双方进行了出色的论述，即一面是至高无上的"国家的视角"（Scott 1998），另一面则是精于"逃避统治的艺术"的小农（Scott 2009）。

为了平衡与农民的关系，国家通常会出台一些具体的农业政策。这些政策在很多方面受到激进左派的批评。的确，这些政策往往与农民的利益背道而驰（尤其是80%的欧盟农业补贴流向最富裕的20%的农民，即"农业企业家"手中）。但是，"不应该把孩子连洗澡水一起倒掉"。农业政策的制定是为了应对和化解影响深远的农业危机，尤其是在20世纪30年代。美国新政以及欧洲各国的农业政策（后来汇集成"共同农业政策"），都是为了这一目的。我们迫切需要持续的农业政策，来应对农业与社会、生态以及直接事农者的利益和前途之间的根本性失衡。制定政策来调和这些时常出现冲突的各种利益，是一个迫切而具有挑战性的任务。通过政策来推动公平和公正（或者至少不要让现有的不平等、不公平加剧）尤其困难，因为农业在各个层面已经表现为严重的不平等。对于恰亚诺夫而言，"收入分配的民主化"是农业改革的主要目标之一（Chayanov 1988：142）。然而在全球层面，北方国家和南方国家之间存在着深邃的区隔和裂隙（Mazoyer and Roudart 2006），这种差异在区域和地方层面也清晰可辨。因此，农业政策几乎不可避免地具有高度的分化效应，它常常给有些人锦上添花，却未能给那些真正有需求的农民雪中送炭。农业政策的成本和收益也不是平等分配的。然而，如何解决这个问题，目前尚不明朗——特别是当农业改革越来越成为政治议程边缘议题的时候（Thiesenhuisen 1995）。这个问题也因为历史上小农在解决内部不平等时的一些糟糕表现而变得更加复杂。

农业增长与人口增长

在微观层面权衡劳动与消费之间的平衡关系时（见第二章），小农在生产和消费之间达到其所需要的均衡。在宏观层面，这表现为农业增长与人口增长之间的平衡，如埃丝特·博斯拉普（Ester Boserup 1970）所展示的非洲的情况。人口增长意味着要养活更多人，同时有更多人在土地上劳动，从而带来农业增长。有学者也描述了存在于世界上其他地区的类似关系。黄宗智指出了在中国人口密集地区人口增长的重要性："在明清时期的长江三角洲地区，人口增长通过小农家庭农场的独特作用推动了商品化，同时它自身也因为商品化而成为可能。"黄宗智也注意到平衡关系的另一面："小农经济过密化的程度往往取决于其人口与可得资源间的平衡关系。"（Huang 1990：11）农业增长也受到明确的限制。

今天，在世界很多地区，人口增长和农业增长之间曾经显而易见的平衡关系处于混乱之中（Netting 1993：272）。这在非洲最为引人注目：至少在过去的 50 年里，人均农业产值持续下降（Li et al. 2012）。生产和消费之间曾经不言而喻的关联被切断。这不仅发生在民族国家层面（从而引发对食物主权的吁求），也发生在微观层面。这一切导致了一种悲惨的境地，正如秘鲁俗语所描绘的那样："无人耕种的土地和无地可耕的人民。"这是被贫穷和饥饿困扰的农村家庭面临的典型处境，环绕屋宅的土地却不能耕种。他们缺少耕种土地的生产资料，而且就目前来看，重新矫正被完全扭曲的平衡关系，实在是遥不可及的事情。

注 释

[1] 与这一趋势密切相关的直接危险是，它会引起世界粮食生产的严重下滑。

[2] 莫图拉观察到："在农业价格有利的时候，这两类农场（表现为图 4 - 1 中的左右两列）的行为可能是相似的。然而，如恰亚诺夫所说，在价格形势不利的时候就会出现差异。右边一类农场会倾向于减缓经济活动，左边一类农场则会继续寻求新的机会来投入自己的劳动。"（Mottura 1988：27）

[3] 利特尔认为，权力平衡对于乡村的发展和城市的发展都非常关键。"在农民的传统、组织和抗争力量被严重剥夺的地方"，其他阶级，如"受到启蒙的贵族阶层和萌芽之中的资产阶级，能够通过资本主义农业的模式将农政关系重新导向利润和科学创新的道路上"（Little 1989：119）。

然而，在那些"小农社区有能力捍卫传统结构的地方……它们能够阻止财产关系的出现，而资本主义农业和乡村的雇佣关系正是通过财产关系才得以出现"（Little 1989：119）。还可参见摩尔（Moore 1966）。

| 第五章 |

农业产量

　　小农农业的历史是一个持续集约化的历史（参见文框 5 - 1）。数十世纪以来，刻意也好，无意也罢，农民在他们的生产过程中制造了大大小小的各种变迁，实现了产量的稳步增加。斯利赫尔·范巴思（Slicher van Bath 1960）、博斯拉普（Boserup 1970）、威特（Wit 1992）、理查兹（Richards 1985）、比勒曼（Bieleman 1992）、奥斯蒂（Osti 1991）、马佐耶和胡达尔（Mazoyer and Roudart 2006）、瓦尔特纳（Wartena 2006）、斯特恩黑森·皮特尔斯（Steenhuijsen Piters 1995）和范赞登（Zanden 1985）等诸多学者都记录了这一生产过程的深刻变迁。

　　产量不只是技术参数，也体现了微观与宏观层面、地方与全球层面之间错综复杂而又十分有趣的相互作用。换句话说，产量取决于社会关系，也体现着社会关系。

产量是劳动过程的结果，因此也反映了对农业中众多平衡关系的不断调整。这些平衡关系主导了农业经营的过程，特别是自主和依附之间的平衡。产量水平的停滞不前可能会造成饥饿，甚至人间惨剧；产量的增加则是小农获得更大解放、迎来繁荣年景的前兆。更高的产量也意味着农业能够满足人们对食物和非食物产品日益增长的需求。因此，在宏观层面，产量关系到国家的进出口平衡，更关系到粮食安全的战略问题。

索纳编译的那版《农民经济组织》是恰亚诺夫传播最广、最为人熟知的一部著作（至少在英语世界是这样），书中对产量和集约化仅仅一带而过（Chayanov 1966：241）。这与地方自治局统计资料中记录的那一时期俄国的社会背景有关。19世纪末和20世纪初，俄国并不存在土地稀缺问题，而且农民村社还会定期进行土地再分配。因此，小农家庭增加产量和收入的努力是通过扩大耕作的土地面积实现的。然而，在其他如《小农农场运行研究论文集》（1924）[1]等出版物中，恰亚诺夫用了大量篇幅来讨论集约化过程。遗憾的是，这部著作在意大利以外的地区几乎不为人知。1988年，斯佩罗托（Sperotto）用意大利语对它进行了再版。该著作对于理解当下的小农经济，特别是对于理解作为一种小农抗争形式而呈现的劳动驱动型集约化（labour driven intensification）过程，具有奠基性的作用。

集约化是实现产量增加的过程。它是指"在目前只生长一束谷穗的地方栽种出两束谷穗"（Chayanov 1988：115）。在恰亚诺夫的论文里，他将小农农业等同于高产，他注意到资本主义农场企业和小农农业在集约化水平上存在显著差异："资本主义农场企业的集约化水平远远比不上小农农业。"（Chayanov 1988：117）之所以存在这种差异，有三个方面的原因。

第一，小农农业会利用资本主义企业不愿利用的土地，将荒地和边缘地带开垦成可耕种的土地或牧场。对于资本主义企业来说，对边缘地带进行土地改良基本上是无利可图的（当然，这取决于资本主义经济整体的平均利润率）。对于小农而言，往往靠这种方式才有可能获得土地。因此，土地也是小农通过劳动而获得的（Chayanov 1988：80）。

第二，小农农场单位土地面积上的资本形成水平要高得多（见第二章），小农在单位土地面积上投入了更多的种子和粪肥，使用了更多牛马畜力。"大多数情况下，农民会增加种子、肥料、牲畜等生产元素的使用，以获得更高产量。这些生产元素的增加会超过农场整体维度上生产元素的增加。"（Chayanov 1988：145）生产元素投入的增加与单位土地面积上更加集约化的劳动力利用相结合，共同实现了更高的产量水平："土地耕作得越好（翻耕得越深、越精准），肥料施用得越多，对作物的照料越精心，

农场的集约化水平就越高。"（Chayanov 1988：146）

第三，在两类农场中，支配生产经营过程的基本原理存在根本差异。资本主义农场追求的是利润最大化，也就是使总产值与成本（包括劳动成本）之间的差额最大化。而小农农场的目标是实现净产值或劳动收入的最大化，也就是总产值与生产投入（不包括劳动）成本之间的差额最大化（Chayanov 1988：122）。显而易见，这种差异会导致不同的集约化水平（见下文）。总之，小农将闲置土地改造成生产性资源，辅以较高水平的劳动和资本投入，并以可实现的最高集约度为生产目标，以此获得生产上的改善。然而，只有当小农拥有必要的政治经济空间时，这一切才可能实现（Halamska 2004）。

增加产量的重要性绝不应被置于次要地位。对恰亚诺夫来说，产量的增加是"生产力发展"的一部分，它应该被明确视为"一种进步现象"。产量的增加可能需要"新的生产关系"（Chayanov 1988：141 – 142）。同样，社会里不利的生产关系极易阻碍集约化，甚至会导向它的反面——粗放化生产。

在此，我们要注意一个细节，这个细节对于理解围绕"反向关系"而反复出现的分歧性论争至关重要。反向关系是指小农场往往具有比大农场更高的集约度。反向关系的经验事实、成因（假定这一关系成立）和意义（例如，将一个大农场分成几个小农场是否会带来总产量的飞跃），都是学界激辩的焦点（Sender and Johnson 2004；Woodhouse 2010）。在恰亚诺夫看来，这股争辩的氛围未免过于热烈。反向关系并不是因为规模大小上的差异。试想，一小片土地或者一个小的生产单元怎么可能获得比大片土地或者大的生产单元更多的产量呢？规模上的大与小并不存在固有的属性。尽管小农农场通常（虽然并不一定）比资本主义农场的规模小，但是它们的本质差异并不在于规模，而在于不同的生产模式。小农生产模式比资本主义生产模式更倾向于较高的集约度，而这正是"资本主义农场和小农农场在生产目标上的根本差异"导致的（Chayanov 1988：72）。

农场通常可以沿着两条不同的轨道来实现集约化：要么由劳动推动，要么由技术推动。小农农业属于劳动驱动型集约化。与之相反的路径是技术驱动型集约化（technology driven intensification），在此情况下，产量的增加主要是新技术应用和与新技术相关投入的结果。理论上，我们可以认为这两条路径并非水火不容，而是可以联姻互补。然而，在现实生活和既有的社会经济关系中，这两条路径常常是互斥的（Hebinck 1990：200）。这并不意味着劳动驱动型集约化中没有技术的成分，也不意味着技术驱动型集约化中没有劳动的投入。但是，这两条路径需要设计和应用的是两种完全不同类型的技术。我会在本章后面部分讨论这些不同类型技术的关键差异。

文框 5 - 1　基本概念

包括农业生产在内的所有劳动过程都涉及三类相互关联的要素，即劳动力、劳动对象和劳动工具。劳动过程将劳动对象转化成在原有价值基础上附加更高价值（通常与原有价值类型不同）的产品。农业的一个独特特征就在于，它的劳动对象是大自然的一部分。例如，富含土壤生物的肥沃土地可以提供植物生长所需的养分，而土地又是一个更广泛的生态系统的组成部分。动物（提供肉、奶、畜力和粪肥）、植物、果树、葡萄园等，这些劳动对象都代表着大自然。同样属于大自然组成部分的还有水，安第斯小农社区的人们将其视为"一种神圣的生物"（Vera Delgado 2011：188）。

自然的中心性强烈影响着农业的劳动过程和农业生产本身。它使农业生产呈现多变性和不可预见性，需要经历从观察、理解、适应到评估等一整套持续的过程。这些活动是需要经验和技艺的人工劳动过程的一部分，会产生新的洞悉顿悟，这对于农场的生产和再生产具有决定性作用（Sennett 2008）。

农业中需要的劳动力可以表现为多种形式：男性、女性、儿童、互帮互助的邻居。当参与生产过程时，他们就代表着劳动力。重要的一点是，他们的劳动将劳动对象转化成更有用的物品。这需要借助一些手段（或工具）的使用。

劳动工具是用来促进和改善劳动过程的。与劳动对象和劳动力一样，生产过程中可能使用极为多样的工具。与劳动力拥有的知识相结合之后，这些工具就构成了一种技艺、技巧或技术。在此，我们有必要区分技艺导向的技术和机械式的技术（参见文框 5 - 3）。

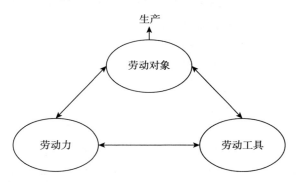

　　劳动力、劳动工具和劳动对象之间存在很多可能的组合方式。这些组合的性质取决于生产过程中的普遍性社会关系。这些社会关系构建了劳动过程，为劳动过程设定了具体的时空框架、特定的运行形式和内在的发展动力。社会生产关系也支配着产出财富的分配。这些社会关系是由一系列因素构成的，这些因素对社会关系产生的影响可能会变动很大。性别关系可能会成为关键因素，也可能是技术，或者是食品企业和农民之间的关系等。当探究农业的具体模式时，我们总是有必要去考察在特定的现实环境中具有重要影响的社会关系。这些关系通常极为复杂且不断变化，它们由一些相互关联的具体关系构成。

　　在农业中，每个劳动对象所产出价值的数量（在农业中也常常指产量）被理解为密集度（或集约度）水平。每个劳动对象的产量（例如，每公顷土地的粮食产量或者每头奶牛的牛奶产量）越高，密集度就越高。集约化指产量的增加和实现产量增加的过程，可以通过很多不同的甚至十分迥异的方式来实现。人们对这些不同的集约化方式往往存在巨大争议，我会在本章后面部分做具体分析。

除了集约度，农业规模也是一个关键概念。它指劳动对象数量与将这些劳动对象转换成有用产品所需劳动力之间的量化关系（例如，每个工人耕种的土地面积或者每个工人饲养的奶牛数量）。农业规模取决于所使用的劳动工具，而且更一般地说，它取决于社会生产关系。

规模和集约度之间的相互关系（参见第二章、第四章）是农民研究中一个极富争议的问题。规模和集约度通常被用作评估和比较小农农业和大规模公司农业的标准，而后者往往被假定更具生产优越性。

农业存在不同的发展轨迹。可以通过持续的集约化来发展农业，也可以沿着一种不同的、以扩大规模为特征的方式来发展农业。当然，也可能存在很多种中间模式。速水和拉坦总结了全球范围内农业发展的不同轨迹（Hayami and Ruttan 1985），认为这些模式体现了相对要素价格（也就是土地和劳动力的相对价格）的作用。如果土地廉价而劳动力价格较高，那么规模扩张就会成为农业发展的主导模式（反之亦然）。这种解释已经受到严重的质疑。

劳动驱动型集约化的机制

现有的劳动驱动的集约化形式以五个相互依存的机制为基础。

第一个机制已经由恰亚诺夫阐述过（正如本书第二章所介绍的），它的核心是在每个劳动对象（对这一概念和其他概念的理解参见文框 5 - 1）上投入更多的劳动力和资本，即在每公顷土地上或每头牲畜上投入更多的劳动力，同时采用更多的工具和进行更多的投入（这些是恰亚诺夫意义上的"资本"）。这可能导致耕作制度和种植方式的改变，以及对牲畜照料的增加。

耕作、种植甚至收割方法都会随着劳动密集度和资本密集度的不同而发生改变。例如，同样是土豆，其种植可以使用 40 个劳动日，也可以使用 120 个劳动日，包括相应的收割用工；1 俄亩休耕地可以施用 1000 普特粪肥，也可以施用 3000 普特粪肥，如此等等。（Chayanov 1966：147）

劳动力和资本（同样是按照恰亚诺夫的方式理解）的使用，在这里是以一种相互补充而不是相互替代的方式进行的。

　　第二个机制是对农业生产过程进行调整。从严格的农学角度来说，农业生产以一系列生长因子（growth factor）为基础，并依赖于这一系列生长因子。这些生长因子包括土壤中营养成分的数量和构成、营养成分的转移、植物根系吸收营养成分的能力、可以利用的水量以及水量在生长期间的分配情况。小麦的种植已传承千年，它包含200多种这样的生长因子，并且有更多的生长因子随着科学知识的发展而不断涌现。在生产多种不同作物和牲畜（以及作物和牲畜更进一步的相互作用）的复合农场中，生长因子更是多达数千种。

　　至关重要的是，这些生长因子并非在时间的长河里一成不变：无论是作为单个因子还是作为整体，它们都在持续发生变化。这是因为，它们在劳动过程中不断受到控制、修正和调整。例如，营养成分的数量和构成通过农民的劳动而得到修正。营养成分的转移取决于犁地，可利用的水量则受灌溉和排水的调节。简而言之，作为劳动过程的一部分，农业生产中的很多特定活动都是针对生长因子的"行为表现"[2]。

　　产量水平取决于最具限制性的那个生长因子。图5－1的木桶效应是对这些生长因子作用的经典反映。如果将产量水平看作木桶中的水位，那么它的最高水平取决于最短的那块木板[3]。

　　在实践中，农民总在不断寻找那块"最短的木板"，

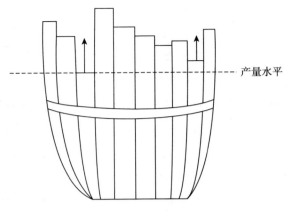

图 5 – 1　生长因子与产量水平

即那个限制性因子。在经过对农业生产进行观察、理解、重组（最初往往表现为实验的形式）（Sumberg and Okali 1997）和评估这一复杂而长期的过程之后，限制性因子会得到甄别和矫正。这将给既有的常规生产过程带来变化，如果成功的话，这种变化会带来产量水平的提高。这是一个持续的过程：一旦最初的限制性因子被"补长"，就会出现一个新的限制性因子。寻找最短板以及在此之后的"重构"也是一个生产知识的过程。这是一种实践知识，或者用孟德拉斯（Mendras 1970）的话说，是地方性知识（参见文框 5 – 2）。这种知识通过劳动驱动的集约化过程而展现，这一集约化过程有助于这类知识的培育和推进，同时这类知识也使集约化程度得到进一步提高。当具体情境随着每个地方而发生变化时，这一点就体现得尤其明显。地方性知识具有高度的时空独特性。它是技艺性的，与科学知识（尤其是当下技术至上视角的那些科学知识）具有极为不同的逻辑规则。地方性知识造就了匠人工艺，也成为匠人工艺的一部分。农民是这种知识和工艺的载体。它常常是一种无字的知识，是一种（至今）无法用准确无误的语言文字表述的经验知识。它和技艺紧密联系在一起。

文框 5 - 2　地方性知识

　　早在军事工程师发现弹道学原理之前，大炮就已经付诸使用。船只在海上航行数百年之后，阿基米德才阐明浸入流体中的物体受到一个向上的浮力这一原理。很多实践是以实践者掌握的技艺为基础的。由于这些技艺在与实践的辩证关系中不断得到发展，这些实践活动也往往具有显著的动态特征。新的实践活动的形成和对既有行动的改进，不一定需要借助狭义上的科学知识。而且现实往往相反：科学知识之所以能够得到构建，是由于在此之前就已经形成丰富、多元且富有动态特征的实践活动（无论何种性质）。科学建立在这类实践活动的基础之上，目的是获得和理解实践活动所蕴含的原理。这表明，科学并非知识的唯一来源（尽管它是一个非常强大的来源）。技艺是知识的另一个来源，地方性知识是其中的一个重要组成部分。此外，直觉也能发挥重要作用。

需要指出的是，对改进生产的追求以及观察—理解—重组—评估的循环过程绝不是农民的个体行为。这些活动往往超越个体农场的边界。农民之间可以形成相互沟通和知识分享的广泛网络，可以横跨漫长的时间周期，并且往往会采取特定的劳动分工。这些网络历来就是小农农业的中枢系统，它们传递信息，也从众多不同的网络结点上获取信息。这些网络有时也被转化为乡村社会政治抗争的重要机制（Rosset et al. 2011）。

观察、理解、提出农业生产重组或改进的方案，并对此方案进行评估，这一循环过程主要取决于知识，同时也发展了知识（这里指的是经验性的、实践性的、地方性的知识）。与此同时，持续的调整和改进过程和由此发展起来的知识创造了一种特殊的技术类型，白馥兰（Francesca Bray 1986）称其为技艺导向的技术（skill oriented technology）（参见文框 5 - 3）。

从技术的角度来看，成功的调整和改进提高了生产过程的技术效率，在这样的生产过程中，同样数量的资源被用来实现更高的产量水平。技术效率提高的关键在于劳动的质量。

第三个机制在于对所利用的资源进行系统的改善（Boelens 2008）。资源可以通过生产和再生产之间精心调整的平衡关系而得到改善。这种改善往往是渐进出现的，尽管有时也会出现跨越式的提高，从而出现一种突然的

文框 5 – 3　机械式技术与技艺导向的技术之对比

　　西方世界观往往将技术本身与产量的提高和技术效率的提高联系在一起。然而，正如白馥兰在其关于"稻米经济"的精彩研究中所表明的，这种联系并不必然成立。白馥兰对机械式技术（mechanical technology）和技艺导向的技术进行了区分。技艺导向的技术利用相对简单的劳动工具（参见文框 5 – 1），并与劳动工具的使用者所掌握的技艺和知识相结合。机械式技术则恰恰相反：工具非常复杂（如自动挤奶机），操作工具却几乎不需要什么知识。因此，机械式技术常常导致劳动者技艺和技能的退化（Bray 1986）。

实质性突破。无论以何种方式，这一过程都会带来土壤的改善（通过施用粪肥、修建梯田、修建灌排设施、平整土地、深耕等）、土壤生物的增加（从而提高土壤的供氮能力）、品种的改良（以提高生产率并更好地适应当地环境）（通过长期的选种、杂交和筛选）、新设施的建造（如用来减少收获物的损失）、新品种的培育（通过套作而实现自然杂交、试验和扩散等）、地方性知识的扩大、技艺的发展、新网络的延展等。在实践中，这种改善往往与前两种机制（分别是在每个劳动对象上投入更多的劳动力和资本以及对劳动过程进行调整）所涉及的活动同时进行。然而，我们必须对这一过程进行单独分析。正是第三个机制（改善）使劳动对象能够吸纳更多的劳动力和资本（即第一个机制）。在第二个机制（即寻找木桶的那块"最短的木板"）之后，便是资源的改善活动（第三个机制）。

第四个机制是创造新奇事物（novelty production），它与前面讨论的三个机制有着密切联系，我们在此单独论述。

> 新奇事物处在已知和未知的分界线上，是一种崭新的实践、洞见或意料之外却很有趣的结果。这类实践、洞见或结果具有广阔前景。但与此同时，新奇事物仍未被人们完全理解。新奇事物是对常规的偏离，与已知的知识并不一致。（Ploeg et al. 2004：200）

借用里普和肯普（Rip and Kemp 1998）的话说，新奇事物是"一种能够产生效果的新的配置方式"[4]。数个世纪以来，农民通过创造新奇事物取得了产量的稳步增加。这一过程已经得到充分的记述：叶敬忠对中国农村在后集体化时期创造的新奇事物进行了丰富翔实的记录（Ye 2002；Ye et al. 2009）；奥斯蒂（Osti 1991）和米洛内（Milone 2004）记录了欧洲农业边陲地带的新奇事物生产；阿迪（Adey 2007）记录了南非的新奇事物生产；威斯凯尔克和普勒格（Wiskerke and Ploeg 2004）则对新奇事物的生产进行了总体论述。

新奇事物往往隐含在地方农业实践之中。其传播可能是缓慢的、有限的。然而，新奇事物也可以由研究者来甄别发现，这些研究者经过试验和进一步的改造，最终将改良的、稳定的新奇事物重新引入农业生产。这一传播途径（以及因此而形成的科学家与农民之间的合作）被证明是极为有效的机制。然而，第二次世界大战之后，农业科学开始沿循一条更加由技术驱动的路径。在此情况下，这一传播机制就成了例外而不是常规。当下，农业生态学的发展方向就是构建新奇事物，并将新奇事物转化为应用更广的技术革新（Altieri 1990；Altieri et al. 2011）。

新奇事物可以是渐进的：不同的新奇方案之间可以相互促进，并带来细微的、累加性的产量增加。同样，新奇事物也可能是激进的：给已有的实践和知识体系带来彻底的改变，使产量水平实现骤然跃增。水稻强化栽培体系（System of Rice Intensification，SRI）可以算作这种激进的新奇事物中的一个实例，它是"一系列的实践和准则，而不是某一单项技术，它需要灵活运用，能够应对农民面临的多元的农业生态和社会经济环境"（Stoop 2011：445）。值得注意的是，"SRI产生于与国际主流的水稻栽培技术相对隔离的环境中"（Maat and Glover 2012：132）。事实上，SRI是一位有农学背景的法国牧师亨利·

德劳拉尼（Henri de Laulanié）和马达加斯加的水稻种植者共同提出的。它的出现是由于当地资源的稀缺和气候条件的恶劣。直观地看，那里水稻种植过程中的每一步操作似乎都会导致低产。这些过程包括幼苗早栽、株距很大、间歇性灌溉（即土壤干湿交替，而不是淹水灌溉）、使用有机肥（而不是化肥）、不断除草。然而，这些改变聚合在一起却带来产量水平的惊人飞跃，生产成本也大幅降低。因此，水稻强化栽培体系得到广泛传播，在多个国家得到应用。现在追溯起来，水稻强化栽培体系代表了一种范式的转变：以往的生产模式是在单位面积土地上种植更多作物、施用更多肥料来获得作物高产，水稻强化栽培体系则是对它的彻底摒弃。与绿色革命推动的品种不同，水稻强化栽培体系中的栽培品种以它们的分蘖特征为基础，强调培育丰富的根系[5]。这些生长得更好、更有活性的根系提高了抗旱能力和养分吸收效率，从而减少了化肥的使用（Stoop 2011：448）。同时，一个有效的土壤有机质供给体系强化了根部和土壤生物之间的有益关系。

SRI 是产生于制度化的农业科学之外的实践，是一种彻底的、影响深远的、令人信服而又强有力的变革。它最初受到科学界的忽视，甚至是无情的嘲讽。我会在讨论"幽灵"（ghost）时重新提到这一点，这个"幽灵"似乎是劳动驱动的集约化过程中最大的制约因素之一，即所谓的"报酬递减律"(law of diminishing return)。

第五个机制是小农农业中关于优化农业生产的独特算法(参见文框 2－4 中关于"好的产出"核心地位的说明)。小农努力寻求可能获得的最高劳动收入,这明显不同于对资本投入最高利润回报的追逐(Chayanov 1988:73)。为了实现这一目标,他们尽其所能将其他四个集约化机制一同动员起来。

在恰亚诺夫理论的基础上,我会尝试分两步来解释小农生产中这个根本性的特征。如图 5－2 所示,第一步是利用一个简单的生产函数。它描述了物质投入与产出之间的关系,如大麦生产,在一个特定时间上的投入与产出的关系特征。在对生产过程进行调整之后,或者在一些新奇事物被创造出来之后,这一函数可能会发生变化。但是,我们暂且假定目前的状态是图 5－2 所表示的那样。我们假定 1 个单位的产出能够获得 1 欧元,同样,1 个单位的物质投入需要 1 欧元。劳动投入(如以小时计算)也是给定的,在 X 轴的下方。假定 1 小时劳动(在雇佣劳动的情况下)也相当于 1 欧元。总成本指物质投入加上劳动投入。

现在,如果大麦的生产是在小农生产单元上进行,如果可能的话[6],小农的物质投入水平会达到 20 欧元/公顷,获得 58 欧元/公顷的产出(位于生产函数的 P 点上)。为什么?因为只要再增加一点物质投入,就会让

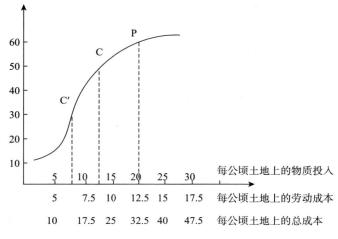

图 5 - 2　生产函数

他们成为公认的傻瓜：如果将物质投入水平从 20 欧元/公顷提高到 25 欧元/公顷，他们需要额外增加 5 欧元/公顷的物质成本，但只能多增加 4 欧元/公顷的产出。相反，如果物质投入水平从 15 欧元/公顷提高到 20 欧元/公顷，他们增加 5 欧元/公顷的物质成本可以获得 6 欧元/公顷的产出。因此，在物质投入水平 20 欧元/公顷这个点上（或者稍微超出一点），小农会得到可能实现的最高劳动收入（总产出减去物质投入）。在这个例子中，他们的劳动收入就是 38 欧元/公顷（ = 58 欧元/公顷 - 20 欧元/公顷）。

　　如果由资本主义农场企业种植同样的作物，那将是另一种计算方法。企业家对实现劳动收入最大化没有兴趣，他们感兴趣的是实现所投入资本的利润最大化。最大利润出现在物质投入水平 12 欧元/公顷（即 C 点）左右。在到达 C 点之前，额外收益高于总成本（包括物质投入和雇工成本）；超过这一点之后，额外收益则低于额外成本。在最优投入水平（12 欧元/公顷）上，利润是 27 欧元/公顷（＝48 欧元/公顷 − 21 欧元/公顷）。然而，投资的最高回报（即最高利润率）却出现在较低的物质投入和劳动投入水平上，因此获得的产出水平也较低。当物质投入水平在 7.5 欧元/公顷（即 C′点）时，净利润是总成本的 135%；当物质投入水平在 12 欧元/公顷时，净利润则是总成本的 120%。这表明，理论上小农能够实现比资本主义农场主更高的集约水平。在图5 - 2 中，小农生产能够到达 P 点，资本主义农场主的生产则处在 C 点或 C′点处。这是由于他们的计算方式不同。小农追求的是最优化的劳动收入（总产出减去物质投入），资本主义农场主想要的则是最高的利润（总产出减去物质投入和工资）。第一种计算方式使小农生产趋向于选择 P 点，第二种计算方式则使企业家倾向于选择C′点。

　　当然，所有这些只是假设，还有很多其他因素会使小农和企业家的生产函数弯曲程度存在差异。这或是由于价格差异，或是由于某项特别的支出，或是由于有利于某一群体的农业政策和支持体系。但关键的一点是，

小农与农业的艺术

在同等条件下，小农比资本主义农场主的生产集约度更高。

当然，现实生活中几乎不存在这样的"同等条件"，尤其是在今天的农业领域，小农要与强大的资本集团同台竞技，因此更不可能存在这样的"同等条件"。同样重要的一点是，小农和资本主义农场主很少使用同样的生产方法。后者越来越多地采用小农触不可及的技术。这也有可能会模糊"反向关系"，尽管这种情况未必出现。

20 世纪 80 年代早期，我对秘鲁沿海地区的水稻生产有所研究。如图 5-3 所示，当时的水稻生产可以分为四种技术水平。

第一列中小农的种植方式是插秧而不是直播。这种做法需要非常多的劳动（尽管在除草环节会节省劳动），但能够实现最高产量。大多数物质投入（如种子、粪肥）是农场自己生产的。这种模式在小农农场中极其常见。小农并不认为大量的劳动投入是一个问题：高产能够保证一份不错的劳动收入。第二列和第三列（出现在中等规模农场和合作社中）将插秧、大量使用来自市场的物质投入（尤其是化肥和除草剂）和较高的机械化水平（在第三列中可见使用牵引动力的成本）相结合，所用劳动是雇佣劳动（特别是在第三列情况下）。

第四列是使用机械直播（甚至可以用小型飞机来完

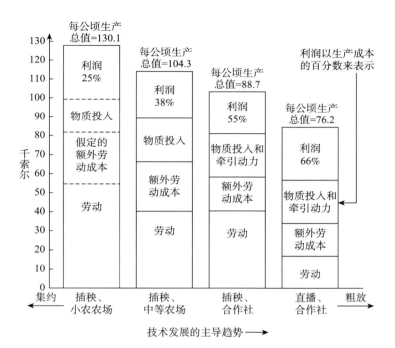

图5-3 技术、产出与成本

成）。只要有可能，其他劳动任务，如植保和收割，也使用机械完成。但是，产量水平要低得多，尤其是和小农农场相比。然而，这种模式的利润率（利润与成本的比率）却是最高的（66%，相对于第二列的38%）。尽管从绝对数量来看，它的利润低于第二列。在此情况下，一方面农业银行不愿意为单位面积上的高投入提供资金，另一方面这种农场管理的目标是获得所投入资金的高回报（这也使其极力回避任何风险）。这两方面共同作用，造成了最低的产量水平，这和农场所采用的最"现代"的技术是矛盾的。

只有经过大量的社会政治斗争，一些合作社里的工人才能说服管理方将"创造生产性就业"作为农场的一个主要目标。这使一些大型合作社转向第一种技术行列，用我当时在秘鲁的同事佩雷斯（Perez）的话说，它"让田野变绿，让秘鲁人生活自足"（Ploeg 1990：205 – 258）。

劳动驱动型集约化的意义

在农民研究和其他相关的学科（如农业经济学和发展经济学）里，前面讨论的五个机制的潜力——也就是劳动驱动型集约化的潜力——往往被忽视或严重低估。所有这些学科所使用的核心概念之一便是报酬递减律。这一规律主要以边际主义逻辑为基础，假定在生产投入达到一定水平之后，随着投入的单位资源的增加（如单位面积土地上使用劳动的增加），所获得的额外报酬会逐渐减少。当达到某个临界点时，投入的增加和报酬的增加甚至会呈现负相关关系。在小农社会，报酬递减律呈现的是结构性的"内卷化"，这正是"发展"的对立面。乍看上去，报酬递减的论点很有说服力。在一块田地里，如果播种过密，植株会相互排斥；施肥过多，土壤会受到污染；浇水过多，作物会被涝死。然而，农民可不想被人看成是愚蠢的乡巴佬。他们会避免过度使用某些生产投入，并且找到生产中"最短的木板"，重新组织农业生产，在实现集约化的同时避免陷入报酬递减的陷阱。

生产生态学（production ecology）理论认为，报酬递减是一种例外情况而不是规律（Wit 1992）。在农业实践中，报酬递减引发了对新方案的探求，促进了进步（如 SRI）的动力。作为结果，农业朝着位于更高生产率水平的新生产函数跃进（参见图 5-4）。一旦一项新方案的运用达到极限，人们就会再次使用这套基本程序来寻找更新的方案。这样就出现了一条以报酬递增为特征的总体性轨迹（参见图 5-4）。报酬递增最终会达到大自然的界限，这种界限主要是指可利用光照的限制，以及植物生长中光合作用的上限（不要和可持续性方面的界限相混淆）。然而，目前世界各地的农业生产还远远没有达到这种大自然的界限。

值得注意的是，列宁最早预料到当今农学理论中这些洞见。虽然恰亚诺夫也提到报酬递减律（Chayanov 1988：88），但是列宁早在 1906 年就认为报酬递减律是：

> 一个毫无内容的抽象概念，抛开了技术水平和生产力状况这些最重要的东西。事实上，"追加的（或连续投入的）劳动和资本"这个概念本身，就

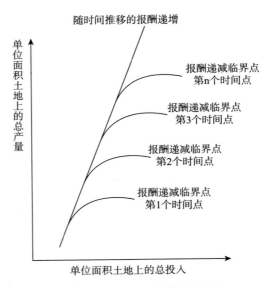

图 5 - 4 作为例外而非规律的报酬递减

是以生产方式的改变和技术的革新为前提的……必须发明新的机器、新的耕作制度、新的牲畜饲养方法和产品运输方法等等。当然，较小规模地"投入追加劳动和追加资本"，可以在原有的、没有改变的技术水平基础上实现（而且正在实现）。在这种情况下，"报酬（土地肥力）递减律"在某种程度上倒是适用的，这就是说，如果技术情况没有改变，能够投入的追加劳动和追加资本就是非常有限的。可见，我们得出的并不是普遍的规律，而是极其相对的"规律"，相对得说不上是一种"规律"，甚至

说不上是农业的一个重要特征。（Lenin 1961：109）

在列宁看来，这一切都解释了为什么"马克思也好，马克思主义者也好，都不谈这个'规律'，只有资产阶级学者才会高谈这个'规律'"（Lenin 1961：110）。

自这些论争出现以来，小农农业已经一再表明，它自身可以避开报酬递减的轨迹，而创造一条报酬递增的路径。有关西非的研究和一些综合性的研究都说明了这一点（Richards 1985；Netting 1993）。然而，在农村研究领域，报酬递减这一幽灵仍然不时出没、隐隐作祟（Warman 1976；Xu 1999；Barrett et al. 2001）。

劳动驱动型集约化的受阻

报酬可以递增（参见图5-4）并不意味着不会出现停滞、退化甚至是内卷化。现实恰恰相反。但关键在于，这些现象并不是小农农业的内在特征。这些现象的原因是特殊的政治经济模式和体制。

停滞可能是由于多种原因。它可能由极其不平等的交换关系造成。这种情形使小农阶级无法对辛苦—效用的平衡关系进行任何调整，因为所有的效用都被掠夺了。当水源被夺走（Vera Delgado 2011）或小农农业被固锁在某个地区时，就像种族隔离时期的南非或印度尼西亚被殖民时期沿出口型种植园分布的小型水稻种植带（关于农业内卷化的讨论）（Geertz 1963），停滞也会出现。无论何时何地，只要农村贫困严重到年轻人认为只有逃到城市、做繁重体力劳动或出卖自己的身体才有希望，小农农业就会出现退化。那样，就没有人留在乡村来向田地运送肥料、照料牲畜或维护水稻圩田四周的堤坝（在塞内加尔、冈比亚和几内亚比绍已经出现这种情况）。退化还出现在高度父权制的社会，在那里，母亲会告诉女儿："可以嫁给心仪的任何人，只要不是农民。"（这种情况发生在西班牙的很多地区，那些地区如今已经近乎完全荒芜和荒漠化。）

当新的资本集约型技术被应用到大规模公司农场企业时，无论这些农场位于何处，都会引发小农农业的退化。这会使公司农场企业击败与它们生产同样产品的小农农场，将后者挤出市场。特别是在自由贸易盛行、环境破坏被忽略的时候，这种情况更会出现。

内卷化、停滞和退化等形式都是农政问题的种种表现。当农业方式（农业部门的具体组织形式）与社会、生态以及事农者的利益和前途之间的关系出现失衡时，我们会谈及农政问题。在前面讨论的例子中，小农经受了贫困，而社会也没有得到它所需要的更多食物（这也会阻碍资本积累的过程）。1917 年，恰亚诺夫就农政问题撰写了一篇重要论文《究竟什么是农政问题?》。在文中，他将农政问题的出现与生产关系的组织方式联系在了一起（Chayanov 1988：131 – 172）。由此可以得出一个重要结论，即农政改革必然意味着对生产关系进行彻底的重组。农政改革绝不能被简化为简单的土地分配（其实，恰亚诺夫否定了民粹主义的口号——"耕者有其田"，这个口号后来在拉丁美洲发挥了重要作用）。农政改革需要以"农业劳动生产率的最大化"和"国民收入的民主化再分配"（可以推测这意味着对被扭曲的城乡关系进行矫正）（Chayanov 1988：142）为目标。农政改革还要避免"土地无人耕种或牲畜被抛弃或被宰杀的情况"（Chayanov 1988：158）。农政改革意味着土地的社会主义化（Chayanov 1988：156），这不能通过一种"开明专制"（enlightened absolutism）（对列宁主义和斯大林主义的回应）来实现，而是要由"当地经过民主选举产生的地方议会推动完成"（Chayanov 1988：164）。"只有这样，才能为民族国家的建设和发展做出充分的贡献"（Chayanov 1988：172）。

劳动驱动型集约化的动力

是什么推动了劳动驱动型集约化？答案很简单，是小农对提高收入的探求，或者更具体地说，是他们寻求额外附加值、提高自己劳动收入的愿望和追求（Hayami

1978；同样参见第二章）。无论何时何地，小农阶级总是渴望进一步的生计改善，他们的憧憬不会被不利的社会关系所阻碍，反而会转变为产量的增加，并通过增加产量来实现生计的改善。这是恰亚诺夫提出的根本性议题之一。他还通过经验事实阐明了这种相互关系（Chayanov 1966：99）。如果"家庭劳动者"人数增加（这是关于劳动—消费平衡），"每个劳动者的固定资本"拥有量增加（这是关于资本形成以及为其奠定基础的辛苦—效用平衡），那么"家庭总收入"也会增加。这是由于"较多的家庭劳动者人数"和"每个劳动者较多的固定资本拥有量"转化成了"每个消费者播种面积"的增加以及产量的增加（如果无法获得额外的土地，就会形成集约化，来实现产量的增加）。简而言之，粮食产量的增加将小农阶级的解放和人类整体的进步联结在了一起——也正是这个联结形塑了农业的发展史。

就像过去一样，在今天这个时代，在很多情况下小农家庭的（劳动）收入可能会面临巨大压力。这可能是由多种原因造成的：价格成本挤压、缺少市场渠道、高赋税或很多其他原因。在此情况下，对收入提高和生计改善的追求就成了多面向社会斗争的一部分。"农场家庭在其力所能及的范围内，利用了其自然位置、历史境遇和市场条件所给予的全部机会。"（Chayanov 1966：120）当外部压力威胁到家庭农场的持续性时，对更多附加值的追求就成了更一般意义上的一种抗争。

集约化与农业科学

对农业科学和农业增长之间相互关系的解释，存在两种基本叙事。一种是霸权式的叙事，认为农业发展的动力（特别是生产率的持续提高）来自科学研究的创新在农业实践中的持续应用。这种叙事严重贬低了农民自身的作用，甚至完全无视农民可能发挥的作用。很多关于农业科学研究效益成本比的分析都在阐释这样的叙事。在这些分析中，农业生产率的一切提高都被简单地视为农业科学研究和技术开发带来的"效益"，并将其与所花费的"成本"相联系。在此叙事中，农民的身影被抹去，农民努力探索的所有成果都被归功于农业科学。

第二种叙事与第一种恰恰相反，尚处于萌芽期，还不够完善。这种叙事不会引来农业院校、农业企业、农业部门和其他机构的青睐和支持。尽管如此，我们在很多地方都能发现这一叙事的各种存在和表现形式。恰亚诺夫的《社会农学》（1924）就是这一叙事的一个重要体现。恰亚诺夫所勾勒的社会农学，建立在意大利农学家安东尼奥·比佐泽罗（Antonio Bizzozzero）等的研究基础之上，这些农学家都深入参与了农业实践。社会农学很快成为其他学者的理论参考，尤其是在欧洲，至少在第二次世界大战爆发之前是这样的。第二次世界大战之后，美国农业科学取得霸权，这意味着社会农学消失，无论是在实践层面还是在理论层面。直到最近，社会农学指涉的农业实践才得以复兴，社会农学的价值和意义才被重新发现。

第二种叙事认为，大多数农业革新源自农业实践。它认为农场并不是创新活动的终点站，而是创新的源泉。农民创造新奇事物的过程产生了新的洞见、方法、工艺和技术，其中有些被研究机构采用，并得到进一步的研发和传播。这可以是一个"友好"的过程，即研究机构对农民创造的新奇事物加以改进，使其在更广范围内传播。这同样可能是一个"敌对"的过程，即研究机构选择并侵占农民的某些生产革新，对其进行重构并申请专利，以便服务于农民创造者之外的其他人的利益，而对那些无法被侵占的生产革新和新奇事物采取压制的做法和无视的态度。

小农阶级是新奇事物的主要创造者，这一叙事得到很多研究的印证。这类叙事强调农民和研究机构之间的相互作用。保罗·恩格尔（Paul Engel 1997）分析了荷兰推广员向荷兰农民传播的所有创新理念的来源，发现这些创新理念中有 40% 直接来自先锋农民探索形成的新奇实践，另有 40% 来自其他推广员，而这些推广员的新理念大多来自农民。只有 20% 直接来自研究所或实验站等机构。

费韦贝赫（Vijverberg 1996）对荷兰的园艺科研活动进行了分析。他区分了由园艺种植者最先提出或采用的创新和由研究人员提出的或源自科研及其他经济部门的创新。前一类创新会得到积极而广泛的传播，后一类创新的传播则常常失败，常见的情况是与现实不匹配：新技术或新工艺与园艺种植者的切身需求不相符。这些新技术或新工艺不能适应园艺种植者的生产环境和劳动过程的具体组织方式，也不符合园艺种植者的利益和前途。

总的来看，费韦贝赫的分析与发现得到马佐耶（Mazoyer）和胡达尔（Roudart）的呼应，他们在对农业变迁的不同历史轨迹进行回顾之后总结道：

> 如果不借助一线技术员和直接实践者的积极参与和经验积累，就不可能设计和发明出任何机器、产品和规程。科技创新活动的开展需要各个层级的研究者、教师和学生都能够非常了解实践，非常明白实践的需求和制约。否则，很多新发明既会因为不适用而被摒弃，也会造成巨大的资源浪费。（Mazoyer and Roudart 2006：398）

尽管已经有这样的历史教训，但是直接实践者的经验、意见、利益和前途常常被忽视。尤其是当农业企业的利益成为创新体系的指导框架时，这种情况更易出现。它会使一些很有价值的创新方案夭折，也会使农业增长和农业发展被严重扭曲。

农业科学不顾这些历史教训和那些有价值的替代方案，与实践严重脱节，但却始终占据核心的话语霸权（并且一直占据着最大份额的资源）。支撑这种霸权的逻辑基础主要是，认为只有科学和资本才能在 2050 年养活世界（我会在本章最后一部分讨论这一论断）。此外，还有三个因素支撑着农业科学的霸权，维持着农业科学的核心地位。那就是化肥的发明（以及相应的"农业化学化"）（Mazoyer and Roudart 2006：376）、农业的机械化和高产品种的研发[7]。很显然，这三个因素带来农业生产率的持续飞跃和重大突破。人们普遍认为，农民自己永远不可能实现和创造出这样的飞跃和突破。这三个因素成为农业科学具有巨大能量和潜力的证据。

关于第一个因素，我们必须认识到，农民世世代代一直在努力改善土壤肥力，这一历史远远先于尤斯图斯·冯·李比希（Justusvon Liebig）对化学施肥主要原理的发现。"自 15 世纪以来，法兰德斯（Flanders）、布拉邦特（Brabant）和阿图瓦（Artois）等地的农业就已经停止休耕（因为农业实践已经可以积极培育土壤肥力），这完全不是任何农学家的创举。"（Mazoyer and Roudart 2006：347）在钱伯斯和明盖（Chambers and Mingay 1966：2）看来，英国1570—1880年的农业革命实现了产出的增长，1801年的英国农业比前一个世纪多供养了650万人，而这场革命"本质上并不是（外部）创新的产物"。

> 我们所说的英国农业革命，并不是技术创新实现的。除了零星的浪花，19世纪所谓的席卷英国的（技术）"革新的浪潮"不过是蜻蜓点水，轻轻掠过……其实，早在1800年……英国农民和地主就已经实现充分释放土壤生产潜力的创举，其规模之大为人类历史上的首创。（Chambers and Mingay 1966：3）

> （农民的这些创举始于）农业的轮作实践，古时的农业生产用地按照用途被划分为永久的耕地和永久的草场，这种恒定不变的用地方式使耕地和草场的肥力都有所下降。农业的轮作则需要在耕地和草场之间交替进行。这意味着在耕地上种植饲草，即将部分耕地暂时转变为轮作草场，种植一些豆科作物，如苜蓿、红豆草等，这既能增加土壤肥力，又能产出大量草料。这一轮作实践对于接下来的粮食作物种植是一举两得，既增加了土壤中的牲畜粪肥，又通过饲料作物的固氮作用增强了自然肥力。17世纪下半叶，芜菁之所以能够成为一种普遍的大田作物（它的种植需要大量施肥和细致除草），得

益于之前的轮作所打下的土壤肥力基础使其能够适
应轻质土壤种植，而轻质土壤此前只适用于粗放的
放牧。（Chambers and Mingay 1966：4）

此后，恢复和培育土壤肥力的方法越来越多。例如，
鸟粪（沿秘鲁和智利海岸线收集的海鸟粪便）的施用在
农业生产中也发挥了重要作用。在此之后，化肥才被引
入农业，特别是在第一次世界大战之后，原先生产炸药
的工厂转向了化肥生产。最初，农民利用自己的知识将
化肥和其他乡土方法结合起来使用：利用"精心积造"
的粪肥和耕作技术来促进土壤自身的供氮能力。直到很
久之后，化肥的大量使用才开始抑制乡土方法在保持土
壤肥力方面的积极作用：粪肥的精心生产被逐渐放弃
（它需要太多劳动，也和生产规模的大肆扩张不相适
应），动物粪便成了废弃物，新技术的设计也在尽可能
地摆脱粪肥的使用（此后，必须建立污染更小、更加环
保的生产机制）。

总之，将化肥看成是农业科学比农民的知识体系占
有绝对优势的一个标志，是自欺欺人。事实截然相反：
丧失一种具有极高价值的潜在资源（粪肥）是一个悲
剧，这一损失主要是由农业科学造成的，后者为化肥的
排他性使用铺平了道路。化肥成为强大的、有说服力的、
必不可少的投入，而粪肥、土壤生物、混作（如中美洲

的一种类似刀耕火种的耕作方式）、间作、绿肥（如苜蓿）和精心积造粪肥的地方文化传统等都被抛弃，且被当成是畸形怪物（参见文框 5 - 4）。

文框 5 - 4　尤斯图斯·冯·李比希的贡献

几千年来，人们用多种方法滋养着农田地力（Hofstee 1985；Netting 1993：43）：施用粪肥、作物轮作、种植苜蓿、土壤深翻、将智利和秘鲁的鸟粪运到欧洲等。这些做法背后不一定都能找到恰当的科学依据作为支撑，正如人们在完全掌握弹道学和浮力原理之前就开始使用大炮和航海一样（参见文框 5 - 2）。特尔（Thaer）和布森戈（Boussignault）这样的"前科学家"（proto scientist），从这些农业实践中获得重要的洞见，包括关于腐殖质（土壤有机质的重要组成部分）的理论以及植物从空气中获得很多物质（特别是二氧化碳）来制造有机物这一关键概念。在此基础上，李比希更进一步指出并证明了植物生长非常需要矿质元素，特别是氮、磷、钾。他还提出最小因子定律（law of the minimum），认为植物的生长因子（如不同矿质元素）就像是组成一个木桶长短不一的木板（参见图 5 - 1）。最短的木板决定了木桶的水容量，同样，低于作物所需最少量的那个特定矿质元素，决定了作物的产量水平。

我并不是要低估李比希的重要贡献。恰恰相反，我认为他之所以能够获得这一重大科学发现，以及在他的理论

> 提出 70 年后化肥能够得以生产和使用，一个不可或缺的因素便是农业科学与农业实践的良性互动。如果不是施肥的重要性已经得到广泛认可，如果没有丰富多样的施肥方法和众多"前科学家"的探索，李比希不可能取得这一科学发现。如果没有作物育种人员（其中大多数是农民，后来是专业人员，但仍然以农民的技艺和实践为基础）研发的能够吸收更多矿质元素（特别是氮）的新品种，这一科学发现也就没有了用武之地。有了化肥之后，农民便拥有了许多替代性的发展路径——特别是强调土壤生物重要作用的农业实践方法。英国洛桑实验站是探索这类方法的一个重要机构。值得关注的是，经历第二次世界大战之后，这些替代性路径却被阻断了，化肥的使用占据了霸权地位。

第二个因素是农业的"动力化"（如拖拉机的使用）（Mazoyer and Roudart 2006），代表了提高农业生产率的另一项重大飞跃。与这一动力化过程密不可分的众多机械设备，大部分由农民自己设计制造。很明显的一点是，农民制造的机械设备常常蕴含与工业机械设备迥然相异的设计原理。例如，科学实验室或工业实验室里诞生的除草技术旨在减少劳动量，而农民设计的除草技术旨在使现有劳动力发挥最佳效用。这种区别意味着设计制造的机器设备和相应的生产投入截然不同，也意味着产品形状和产品质量存在巨大差异。

　　主流的农业话语将动力化与"越大越好"的理念联系在一起，这导致了农业技术企业之间持续不断的"军备竞赛"。然而，在大多数情况下，重量最大、动力最强的拖拉机绝对不是最好的拖拉机。"意大利蜜蜂"（Italian Ape）[8]（一种配备 20 马力轻型发动机的三轮拖拉机）的发明，对意大利农业发展的作用远远超过重型拖拉机。农民不仅可以用它运输农产品，还能开着它和配偶一起去做弥撒、逛市场和去当地小酒吧。

　　最后，我们讨论一下第三个因素，即绿色革命背景下的高产品种。与年复一年、少量但持续稳定地增产不同，农业工程师往往期望创造快速而显著的飞跃，实现产量的突破。然而，如本内特（Bennett 1982）指出的，这种飞跃可能会在一段时间（如 10 年）之后被赶超，到那时，"传统"品种的产量会超过那些"改良"品种。在实现飞跃之后，"改良"的品种通常会维持不变的产量水平，甚至还会缓慢下降。作为绿色革命核心的很多改良高产品种后来出现了这种状况：在很多专家看来，这些改良品种已经"筋疲力竭"。畜牧业生产也经历了类似的过程。欧洲奶牛育种的"荷斯坦化"使每头奶牛的产奶量实现了显著飞跃，也使传统奶牛的品种和数量大幅减少。然而，20 年之后，那些"顽固地"持续进行传统黑白花奶牛育种的奶农却实现了同样的甚至比荷斯坦奶牛更高的产奶量。

　　绿色革命对品种的改造几乎总是囊括一系列要素，并对这些要素进行局部改变。然而，这些要素却是相互依存的。这些改变可能包括：为了适应农业时空维度而进行的改良，对作物或牲畜自身结构的重大改变，用外部投入替代内部资源，以标准化的农田、规程、规范和指标来替代原先的多元化农业方式。例如，奶牛的荷斯坦化就需要对生产的时间节奏进行重大改变，以往需要较长时间跨度的生产过程现在集中在几年内完成。生产过程的缩短是要付出代价的：奶牛的寿命大大缩短。所以，具有讽刺意味的是，现在需要用比以往更多的奶牛，才能在如5年的周期内生产出与以往一样数量的牛奶。

　　科学在生产力的发展中扮演着重要角色（Bernstein 2010b），对于一般意义上的生产力和农业的生产力都是如此。恰亚诺夫也明确指出了这一点。然而，农业科学理所当然地会带来生产力的发展，或者说它是生产力发展的唯一动力，这种说法是不成立的。科学在农业生产力发展过程中的作用要远远复杂得多。对农业科学发展的一些关键历史阶段（如上文讨论的）进行深入研究就会发现，农业科学的作用远比很多已有的描述含混复杂得多。有些科技发展成果造成了沉重的代价，时至今日我们还为其所累。然而，在农民的知识体系被压制、农业科学占据霸权的情况下，这些代价是永远不会被考虑的。

　　在科学家的科学研究和农民对新奇事物的探索之间，

若能有很好的平等互动和相互作用，将会成为农业增长和发展的强大动力。这一点在历史上不乏成功先例，恰亚诺夫提出的社会农学和当前的农业生态学（Altieri et al. 2011）就是其中的例子。然而，农业研究和理论建构中的制度化嵌入使农业科学愈发变成"帝国式科学"的一部分（Scott 1998）。科学宣称自己具有决定性作用，但当它将农业简化为对纯粹科学定律的应用，并试图对农业实践进行标准化、预测、量化、规划和控制时，它就成了一种帝国霸权。如此一来，科学使农业更加受制于外部的指令和控制，更加成为食物帝国的附庸（Vanloqueren and Baret 2009）。

帝国式科学的一个典型特征是，努力通过构建新的人工制品来提高农业生产率。这些人工制品以外部资源的形式取代已有的农场资源或者添加到已有的农场资源之中。与此相反的是，古典农学往往关注内部资源的改进，就如今天农业生态学的做法一样。化肥与粪肥的对立，是目前农业科学中矛盾和分歧的一个典型例证。将动物排泄物转换为"精心积造"的粪肥（这是地方农业艺术的一个关键部分）对于帝国式科学来说太难统一，因为每个地方的转换方式都有所不同。同时，这种转换也太变幻莫测，因为它取决于很多不可预测的、极其多变的因素。粪肥的生产无法进行远程控制，土壤、土壤生物、间作、绿肥、牲畜繁育、地下水系和大自然的很多其他方面也都如此。像所有这些例子一样，粪肥并不是一种商品，它不是为了出售而生产出来的。因此，农业企业对它毫无兴趣。

帝国式科学推动了商品化进程，为外部控制构建了便利手段。因此，帝国式科学和食物帝国在发展和影响方面具有结构上的相似性，二者不断地强化和重构着彼此。无论何时何地，只要帝国式科学占据了主导地位，它对生产力发展的促进作用就变成了次要的。这是因为，它的主要目标是实现和强化广泛的、稳固的控制（转基因作物的例子就清楚地说明了这一点）。目前的农业科学偏好于增加化石能源的使用，正如它对"最优条件"（如平坦肥沃的土地，大面积的田块，水、能源、资本和其他物质投入的无限供给）的偏好一样。这些都是特定农业科学实验站才能具有的条件。这使得在"次优条件"下很难正常开发技术，进而可能加速这些处在次优条件地区的边缘化。此外，斯托普（Stoop）还指出：

> 育种工作忽视了作物的地下部分与地上部分（也就是根系与冠部）相互依存的一整套关键而复杂的过程。同样，农学研究也在很大程度上忽视了土壤（微）生物的因素和作用及其与作物根系的各种相互作用。（Stoop 2011：453）

总之，农学领域存在诸多截然不同的观点（Sumberg and Thompson 2012）。对于整体的农业科学来说，它恐怕也难逃不同观点之争（Sumberg et al. 2013）。

小农能养活世界吗？

对这个问题的回答可以相对简短，因为本书关于恰亚诺夫理论的讨论已经对小农和小农农业的一些重要特征进行了分析。

第一，如第二章所述，小农农业能够进入资本力所不及之处。用劳尔·帕斯（Raul Paz 2006）的话说，在此方面，小农农业是"厌氧的"。小农农业活跃在秘鲁和玻利维亚的高原、其他地方的陡坡和湿地、西非的圩田和葡萄牙北部的荒地。这些地方对于资本主义农业而言，耕作成本太高，连投资的平均回报都难以实现。这些地区对资本没有吸引力。世界上很大一部分地区属于这一类型。这类地区有很多是广阔的牧场，特别适于牛群繁育。

然而，在当下资本主义的工业化谷物—油籽—牲畜的复合农业生产体系中（Weis 2007，2010），牛的繁育和肉、奶的生产地点逐渐转向畜舍之内，而牛吃的却是在肥沃的耕地上种植出来的大豆和玉米。与此同时，我们的世界愈发需要这些耕地来生产粮食以满足日益增长的人口需求，这样的农业生产方式显得极其荒唐且不可持续。总之，资本主义农业带来的是空间上的反生产性分工模式，也带来土地的退化。这样的生产扭曲在小农农业中极少出现。

第二，恰亚诺夫认为，小农农业在资本形成方面很有优势。在小农农业中，每单位面积土地上的投入要高于资本主义农业。20 世纪 60 年代以来，加拿大国际开发署组织的一些广为人知的研究已经证明了这一点。

第三，在第二点的基础上，我们可以提出第三点特征。对于不同类型的农业方式（如小农农业和资本主义农业）来说，其目标定位截然不同，表现为是追求劳动收入的最优化还是追求利润或利润率的最大化。由此导致的一个结果便是，小农农业的产量水平往往高于资本主义农业。前面这些都是小农农业的"经典"特征，在此基础上，我们还可以补充一些在当下的农业实践中凸显出来的其他特征。

第四，小农农业不仅活跃在其他类型的农业方式并不涉足的地方，还坚守在其他类型的农业方式放弃退出的地方（Johnson 2004）。这在当前市场波动性较大的时期体现得非常明显。波动性意味着市场价格跌宕起伏。较低的价格可能会使企业的总现金流成为负数，特别是在成本相对较高且短期内无法改变的情况下。在图 5 - 3 中，如果价格下降 40%，第一列中的小农户经营将受到严重影响但仍能继续从事农业生产，尽管劳动收入会降低。相反，第四列中的农场的投资回报将变为负值。在此情况下，资本主义农场要么关门停业，要么短期失活，这种现象在世界各地极为常见。与资本主义农场相比，小农农场则常常从事农业之外的其他经济活动（我会在第六章讨论这样的多功能性），这非常有助于小农农场顺利度过价格低迷期。简言之，小农农场比资本主义农场具有更强的韧性和适应性。

第五，小农农场发展积累起来的地方性知识（参见文框 5 - 2），使其更有能力将适合当地条件的各种资源整合在一起。小农对地方生态系统（Conklin 1957）、自己的农田、可利用的种子资源和每一头牲畜都了如指掌，因此能够找到最因地制宜的生产方案。而资本主义农场企业的经理人缺少这种全面、深入的知识。他们必然要按照科学方案来运作，而这些科学方案的本质是标准化，它们将地方的具体情况视为一系列无足轻重的粗糙细节[9]。因此，资本主义农场会造成严重的污染排放和其他方面的损耗，无法实现资源的最优利用。

第六，以前一个特征为基础，小农创造新奇事物，使小农农业能够发展出自身所需要的资源库。考虑到小农农场及其田地的丰富的多样性，这一点尤为重要（Brush et al. 1981）。

第七，小农农业的地方性知识和对新奇事物的创造，使大部分情况下小农农业比资本主义农业更具可持续性。

小农农业深深地植根于地方生态系统之中（参见第三章关于协同生产的讨论）。因此，小农农业耐旱性更强，对化石能源的依赖性更低（Ventura 1995；Netting 1993：123-145）；小农农场里牲畜的寿命更长；小农农业通过间作能获得更多的协同效果（剩余物通常会被再利用）；小农农业还有助于避免气候变化（Altieri and Koohafkan 2008），并将水资源的流失降到最低程度（Dries 2002）。因此，小农农业不仅有充分的能力来应对"养活世界人口"这一巨大挑战，还能为解决这些"新的稀缺性"和气候变化做出重大贡献。小农农业还带来对于个体和社会都具有重要意义的生产性就业，且比资本主义农场企业（也可以说是城市）[10]能够提供的就业多得多。最后，小农农业还有助于创造有尊严的工作和生计。

30余年来，我和意大利、荷兰的同事一直对意大利帕尔马地区小农农场和企业农场（它们的运转模式近似于资本主义企业）的经营状况进行跟踪。这两组农场都是奶业农场，并且在相似的条件下经营。在表5-1中，每一组农场的具体特征（面积、劳动投入、资本投入、技术效率、牛群密度、牛群寿命、牛奶产量、每公顷土地面积上的整体产量水平）都已经按照1000公顷的假定标准进行了换算，以便对两种不同的农业方式进行对比。因此，表5-1中展现的是两种迥然相对的农业方式能够实现的整体产量。

表 5 – 1　意大利帕尔马地区企业农业与小农农业生产总值的对比

	企业农业	小农农业	增加比例（%）
1971 年	7.35 亿里拉	8.44 亿里拉	15
1979 年	28.45 亿里拉	38.72 亿里拉	36
1999 年	82.35 亿里拉	128.15 亿里拉	56
2009 年	540 万欧元	1070 万欧元	98

　　这两种农业方式之间的差异异常显著。1971 年，小农农业的产出水平比企业农业高出 15%，这一差距随时间推移而稳步扩大。到 1999 年，小农农业的产出水平超出企业农业 56%，而到 2009 年，这一差距几乎翻了一番（部分原因是很多企业农场已经失活、退出农业）[11]。

　　这些差异可以归因到一系列的细小因素，而且往往是极为琐细的因素（如奶牛的寿命和生产率、草场的生产率等）。尽管这些细小因素大多并不起眼，却共同创造了重大差异。企业农场通常比小农农场规模大，看上去更壮观、机械化程度更高，所有这些都被认为是"更强大""更有竞争力"的标志。然而，表象常常具有欺骗性。尽管单个企业农场的总产量比单个小农农场可能会高（二者规模不同），但若以 1000 公顷土地为标准，在同样面积土地上耕作的小农农场，其产量要远远高于企业农场或资本主义农场。

　　小农农业能够养活这个世界吗？是的，可以。如果我

们能够限制食物帝国对小农农业附加值的攫取，小农农业
的表现会更加卓越（Polanyi 1957；Friedmann 2004）。如果
食物帝国能够少侵占（或者不侵占）小农农业创造的价
值，如果小农能够多获得一些优良耕地，那么小农农业
中的劳动收入就会提高，小农农业就能实现更多的资本
积累、更快的增长和更好的发展。如果农业科学中的固
有偏见能够得到纠正，如果农业科学能够更好地服务全
球小农阶级，那么这个问题的答案就会更加肯定，就如
恰亚诺夫在其社会农学理论中所证明的那样。

注　释

[1] 这个题目在俄文中指"劳动农场"。之前的草稿似乎表
明，作者是在最后一刻把"小农农场"改成了"劳动农
场"。这个变化可能是由于当时的激烈论争和紧张局势，
恰亚诺夫后来也因此被流放并悲惨离世。可悲的是，历
史似乎抹去了这一段记忆。几十年之后，巴西军政府
（自 20 世纪 70 年代初期）正式禁止使用"小农"（peas-
ant）一词，这个词使人们回想起被军政府残酷镇压的农
民团（Legas Camponesas）。

[2] 这一观察是 20 世纪 30—40 年代在欧洲西北部及其部分殖
民地发展起来的"社会农学"的重要基础内容之一。它
有助于我们理解社会因素和农学因素是怎样共同汇入一
个协同生产和协同进化的过程中的（Timmer 1949；Vries

1931，他们的讨论都是以恰亚诺夫理论为基础）。于是，将社会科学和农学整合成为一门"社会农学"就有了理论可行性。目前，农业生态学可以视作这条学科路径的延续和进一步完善。

[3] 图 5–1 中的示意图自李比希之后开始被使用。这对教学很有用处，但却没有考虑到特定生长因子之间的多种互动和协同效用。

[4] 新奇事物的作用已经由"X 效率"（X efficiency）这一概念得到说明（Yotopoulos 1974）。X 效率阐述了一种更高的经济绩效，这种经济绩效超出了已有的生产要素和技术的解释范畴。X 效率是一个"未知的部分"（因此是X）。新奇事物就是创造 X 效率的一个具有决定性作用的组成部分。它们能创造更好的经济绩效，推动"边界函数"（frontier function）上行（Timmer 1970），并且在"非物化技术进步"（disembodied technological change）（Salter 1966）（指在机械保持不变的情况下，人们操作技术和方式的改进所带来的技术进步）中发挥关键作用。

[5] 这与绿色革命时期作为核心技术使用的光敏性的、矮秆栽培品种有重要区别。绿色革命所定义的"现代"水稻栽培，从传统的对太阳能和人类劳动的依赖，转向对以化肥为代表的化石能源的大量使用。SRI 则重新建立在土壤生物学、太阳能和地方性知识的基础之上。

[6] 这里的重要条件是，农民要有足够的资源去购买价值 20 欧元的生产投入，天气条件要利于作物苗壮成长，农民

的灌溉用水不会被其他人强力占有。

[7] 这三个因素回应了马佐耶和胡达尔（Mazoyer and Roudart 2006：375）所说的"现代社会第二次农业革命"的三种机制，即动力化与机械化、合成肥料和品种选育。

[8] Ape 字面上的意思是蜜蜂，就如韦士柏（Vespa）踏板摩托车一样，后者是城市流动的象征，字面意思是黄蜂。

[9] 一个典型例子就是标准的化肥用量（如每公顷土地上 400 公斤氮肥），而不顾田地里土壤肥力的差异变化。

[10] 这里指的是，城市没有能力吸纳由于农业的资本主义重组而变得过剩的乡村人口。

[11] 这样的差异往往被隐瞒。帕尔马省奶业的一个典型特征是，它与帕马森乳酪的生产联系在一起，因此不使用青贮饲料。这意味着实际上所有的（或者几乎所有的）粗饲料（青草和干草）都是农场自己生产的。每公顷土地上的牛群数量也不可能有太大浮动。这是与其他地区奶业农场的一个根本区别。在其他地区，农场上牛群的高密度往往借助了从别处购买的饲料。例如，荷兰用于农业生产的本国土地面积约为 200 万公顷，其在境外利用的农地面积却高达 1600 万公顷。这部分土地主要用来生产出口荷兰的饲料作物（尤其是大豆和玉米），以维持荷兰的畜牧业生产。

| 第六章 |

再小农化

　　1978 年，中国安徽省小岗村的农民一致认为，他们已经无法在人民公社制度下继续进行农业生产。这种制度使人们生活水平倒退，使饥饿成了他们难以逃脱的命运。在农民看来，出去讨饭也比种地的日子好过（Gulati and Fan 2007）。于是，他们私下决定将生产队的土地承包给个体农户，让农户按各自的能力和需求（也就是根据他们具体的劳动—消费平衡）来耕种土地。这一行动并非否认，作为农业部门的一部分，农民应该为国家和国家发展做贡献。他们总结出来的说法清楚地表明，他们愿意为国家和集体做贡献。但是，在"保证国家的、交足集体的"之后，则"剩下都是自己的"（Wu 1998）。参与这一事件的 18 位农民签订了一份"秘密契约"，承诺假如事发后有人因此入狱或被处决，其余的人会把他们的孩子养活到 18 岁。这份契约是一个典型的小农协议，因为它明确指出这份承诺只在孩子 18 岁之前有效。小农从来不会对不必要的责任做出承诺。

"大包干"[1]由此拉开帷幕。在地方政府、中央政府和邓小平的干预与支持下，大包干最终发展成为举世瞩目的"家庭联产承包责任制"。在这项制度的推动者看来，家庭联产承包责任制是一项"制度创新"和重拾"基层能动性"的"制度转型"（Du 2006：2，11）。家庭联产承包责任制使中国农民再次活跃在国家舞台之上。小农家庭的个体决策取代了人民公社制度下国家指令式的农业管理。

这一再小农化过程带来农业产量的大幅增加：

1978—1984 年，中国农产品产值以不变价格计算增长了 42.2%，其中 46.9% 归功于家庭联产承包责任制，化肥施用量增加的贡献占 32.2%，其他制度改革的贡献十分微小。由于家庭联产承包责任制带来农业产量的提高，中国短时间内解决了食品和粮食短缺的问题，中国的贫困人口从 1978 年的 2.5 亿（占总人口的 30.7%）减少到 1990 年的 8500 万（占总人口的 9.4%）。（Ye et al. 2010：263 – 264；Deng 2009；Li et al. 2012）

内廷（Netting 1993：252）补充道："中国的人均收入增长了102%，增长速度甚至比产量的增长还要快。生活水平指标，如人均住房面积增长了近1/3，达到13.41平方米。"

2012年春天，我有幸对小岗村这18位农民中的严宏昌和严金昌做了深入访谈。他们两位仍在从事农业。在他们的讲述中，产量是最重要的考虑因素。他们告诉我：

> 当时我们小队种了300亩地，但产量只有差不多2万斤[2]。收的粮食中，一部分要留种，一部分要交公，最后剩下的才是我们自己的，但这不够吃……如果你种下20斤种子，只能收60斤粮食，这显然很不正常。我们很清楚，土地完全可以种出更多粮食。（1950年）土改的时候，我们父亲那一辈在这块地上种出的粮食要多得多；即使是1962年闹饥荒的时候，这里种出的粮食也要多很多。但是，在人民公社时期（自1959年），粮食产量下降了很多。农民没有努力劳动的动力，生活困难，人也没精神，连自家人都养活不了，生活没啥意义。看到粮食产量就那么一点，我们觉得很窝囊、很愧疚。
>
> 重新恢复小农户生产后，我们的产量大大提高了。我们交给国家的远远超出公粮任务。这是因为，我们想给国家留下好印象，好得到国家支持……能

够自己做主种地，对我们来说非常重要。个人的积极性很重要，当你有了自家土地的时候，就会对庄稼格外上心……这些道理都很简单，种地就是为了有个好收成。（对严宏昌和严金昌的访谈）

在这两位老人的回忆中，也出现了一些关于"平衡"的表述。他们向我解释说，在农业中，"有付出，才有收获"，"一分耕耘，一分收获"（可能没有哪句话比这句话更能准确表达辛苦—效用平衡的意思）。"只有辛苦劳动，才会有好收成，才会有好收入。"当然，"如果你辛苦劳动了，却没有收获，这是不公平的"。

中国自 20 世纪 80 年代被积极重构的另一个重要平衡是城乡关系，它主要通过劳动力的乡城流动实现（参见第四章的介绍）。可以说，中国劳动力乡城流动的循环式特征（人们离开乡村，但后来还会返回乡村继续从事农业生产）强化了而不是削弱了小农农业（Ploeg and Ye 2010）。

再小农化的兴起

中国农业从集体经营向小农经营的转变，只是当下再小农化潮流的例子之一。当然，这个例子非常重要。再小农化的过程有很多不同的方式和路径（Enriquez

2003；Roseet and Martínez – Torres 2012）。另一个例子是巴西的"无地农民运动"（MST）。这场运动催生了超过40万个新兴的小农生产单元（Veltmeyer 1997）。按照维克托·托莱多的说法，农业生态运动也是再小农化的一种方式（Toledo 2011）。再小农化的趋势也出现在东欧，在20世纪90年代的经济转型过程中出现了新的小农阶层，他们正在努力创建新的农业形态（Spoor 2012）。同样引人注目的还有"农民之路"的兴起。这个令人自豪的新兴运动让人们看到小农农业在全球农业中重获核心地位的可能和希望（Desmarais 2002；Borras 2004）。"农民之路"在社会经济抗争中的作用以及它向联合国组织（如联合国粮农组织）锲而不舍的呼求，都是再小农化潮流的卓越呈现。

我不可能也没有必要在本书中对再小农化的所有趋势和所有表现形式进行逐一讨论。与此相关的信息很容易获得。不过唯一的例外就是，我想在此讨论一下西欧的再小农化过程。这是因为，将当前西欧农业中发生的一系列变化解释为再小农化过程，很多人对此仍然心存芥蒂。

重置平衡

在欧盟地区，一小部分农民（大约15%—20%）沿循"企业式道路"从事着农业，主要表现为规模扩张的加速与技术驱动的集约化，以及对食品企业、银行和零售商依附性的增强。从某种角度来看，这是符合逻辑的。"农业企业家"已经通过高负债和高投入而被锁入这一体系之中。他们一直身陷其中，别无选择。同时，这种生产经营路径让他们付出了高昂的代价。他们从事着漫长的、单调的，有时甚至是危险的工作，报酬却很低，遇到危机时收益就成了负值。企业农业中的劳动—消费平衡关系虽然没有被完全破坏，但要实现令人满意的均衡却是极其困难的。子女（和子女的家庭）想在农场企业中获得部分份额以继续经营农业时，可能会面临一些特殊的问题，他们不得不参与高风险的金融运作，其中包括巨额贷款。有时候，他们的劳动—消费平衡是以另一种方式实现的：雇用廉价的"黑工"（如来自波兰、印度、北非马格里布地区或撒哈拉以南非洲地区的工人）。他们的辛苦—效用平衡也存在类似的不确定性。对于他们来说，要实现特定的辛苦—效用均衡，就需要对效用概念进行重新界定。在他们的概念中，效用来自未来：作为大农场主，他们相信未来自己一定会是寥寥成功者中的一员，而加速扩张是确保未来竞争力的最可靠途径。

与这些企业农业的路径不同的是，大多数农民沿循的是另一条路径——小农路径。他们以迥然不同的方式对主要的平衡关系进行重新调整。在此过程中，他们使欧洲农业的很大一部分呈现更深刻的小农特征。他们通过对内部资源和外部资源的平衡关系进行重组（见第三章）来应对农业所受到的挤压，这种挤压在当下尤为严重。他们降低了对外部资源（包括信贷）的依赖，并努力实现对内部资源的优化利用。他们降低了金融和交易成本，同时又提高了自己的劳动收入——在一个既定的产量水平上。我们这里谈的不是一些边边角角的修修补补，也不是"几粒粮食"的改变。荷兰国家乳业研究中心的一项长期对比研究表明，一个生产 40 万升牛奶的低成本农场和一个生产 80 万升牛奶的高科技农场可以实现同样的收入水平（Kamp et al. 2003；Evers et al. 2006）。这两个农场的劳动投入是一样的。这意味着，在一个既定的产量水平上，将高科技农业转变成低成本农业，可以使劳动收入翻一番。对内部资源和外部资源的平衡关系进行重组可能要花费一些时间，也可能会影响其他平衡关系。例如，协同生产更需要以大自然为基础，因此更利于将对景观、自然和生物多样性的关护融入农业活动。这也有助于改善小农家庭与邻里之间的平衡关系。这种邻里关系的维持，对于农民企业家来说愈来愈难。

小农路径的第二个特征是多功能性的发展。农场里的新产品和新服务会不断涌现，并通过新兴的巢状市场进行销售和流通。也就是说，"农场家庭在其力所能及的范围内，利用了其自然位置、历史境遇和市场条件所给予的全部机会"（Chayanov 1966：120）。小农农场通过这些活动来增加劳动收入。欧洲有很多这样的活动和机会：乡村旅游、优质农产品、地区特产、有机产品、农场食品加工、产品直销（有很多不同的方法）、能源生产、水源保护、关怀设施、马匹寄养、景观管理、自然维护，以及很多其他的多样化活动。20 世纪 90 年代末，欧盟地区的这些新型活动为劳动者创造了超过 80 亿欧元的额外收入（相当于荷兰农业年收入总额的两倍）。这让数百万中小型家庭农场得以生存下去（Ploeg, Long and Banks 2002）。小农户对新奇事物的创造，为这些新型活动和服务注入了无穷动力。欧洲大量农民参与到这些活动和服务中，从而形成了新兴的小农阶级。它是"由奇特个体构成的一个非凡整体，它富有生产力，永远处于变化之中"（Negri 2008），而且蕴含着巨大的创造力。食物帝国和国家机器的缺陷带来很多裂隙（或者漏洞），小农阶级正是以此为出发点来创造优异的新型实践活动。长此下去，这些实践活动可以引发农业在政治、经济面向上的重大变化。对于这一点，法国的农民领袖若泽·博韦（José Bové）观察到，"如果你把这些不同的实践活动汇集在一起，就会强烈感受到这场新的农民运动的力量。我相信，这场运动最终会使工业化农业成为边缘"（Bové and Dufour 2001：42）。

就像对内部资源和外部资源的平衡关系进行调整一样，新构建起来的多功能性远不只是"增加点粮食"。研究表明，这些新型生产活动对农场和地区层面的经济收入做出巨大贡献（Heijman et al. 2002）。它们对小农农场的维续发挥了重要作用，否则这些小农农场会消失或者被迫选择企业式发展道路。特别值得一提的是，在生产者和消费者之间形成的巢状新型市场具有重要意义（Ploeg，Ye and Schneider 2012）。这些新型市场可以被视作公共资源。这类公共资源的构建并不仅仅限于欧洲。在中国和巴西，富于创新的、形式多样的新型市场已经出现，并且正在不断壮大（Ye et al. 2010；Schneider，Shiki and Belik 2010；Perez 2012）。

这些新形式的再小农化（Brookfield and Parsons 2007）也在很大程度上对辛苦和效用之间的平衡关系进行了重新调整。那些以相对自主的资源库为基础、建立新型多功能农场的农民正在重新界定何为"辛苦"。这些农民认为，室外工作、丰富多样的活动、独立自主以及与大自然协同工作，都是他们工作中非常具有吸引力的方面。与那些沿循企业农业路径发展的农民相比，他们的辛苦程度低很多。而且，企业农业中的劳动也可能是单调、枯燥、充满风险的。新小农阶级也以不同的方式来理解"效用"的含义。除了好的收入之外，他们所体会的效用还包括与更多人交往的乐趣（企业农业中的

人们常常十分孤独）和"独树一帜做农业"的自豪
（Oostindie et al. 2011）。这些正在成为欧洲新小农阶级
心目中"效用"的重要含义。它们为如图 2 - 1 所展示
的那样的转变过程提供了新的动力，也进一步推动了新
型小农农业方式的不断涌现。

因此，在如西欧这样的世界高度现代化的农业生产
体系的中心，我们仍然能够看到恰亚诺夫在一个世纪前
所描绘的那种农业经营机制，不同的平衡关系仍然具有
重要意义。其实，在现代世界，对不同平衡关系的重视
已经不再局限于小农家庭，作为整体的社会也在逐渐重
视这些平衡关系。这意味着农业和不同社会领域之间出
现了紧密的关联。它催生了调节平衡关系的不同方式，
从而出现了包括小农农业、企业农业和其他农业方式在
内的多种发展路径。总之，保持平衡仍然是农业经营的
关键。然而，这种平衡可以让事情变得更好，也可以让
事情变得更糟。企业农业路径所依赖的那套平衡关系与
当代社会的期望越来越不适应，而形塑再小农化路径的
另一套平衡关系具有完全不同的效果。

世界农业正处在一个十字路口。我们比以往任何时
候都更需要深入理解这些重要的平衡关系。唯有如此，
我们才能同识困境、共谋良策。

注　释

［1］"大包干"这一概念非常模糊，但这种模糊性正是中国很多改革试验和政治经济发展中的一个有趣特征。它有助于避免一些不必要的冲突。

［2］这里指的是1万公斤的小麦和水稻。

重要词汇

剥削（exploitation）：（占统治地位的）非生产者阶级对生产者阶级所生产的剩余产品的占有。

产量（yield）：用来衡量每个劳动对象的生产率，通常指一定土地面积上收获的作物产出数量或每头牲畜的产出数量。

对农业的挤压（squeeze on agriculture）：从农业中攫取财富并且逐渐威胁到农场和农业家庭再生产的不利的交换关系（农产品价格的停滞或下降以及成本的增加）。

非商品（noncommodity）：一种不是通过市场获得而是在生产单元内部被创建并在生产过程中加以使用的产品或服务，或者是通过社会规范而交换获得的产品或服务。

公共资源（commons）：共同拥有的、可用于创造更多价值的资产（包括非物质性资产）。公共资源与资本的区别在于，前者不必生产剩余价值，也不具备商品的属性。

公司农业（corporate agriculture）：一种完全以雇佣劳动为基础的农业方式或模式，通常是大规模的，它的主要内在驱动力是获得所投入资本的最高回报。

集体农庄（kolkhoz）：由国家管理经营的大规模农业企业，是俄国农业在共产主义时代的典型特征。

集约化（intensification）：以产出的持续增加为目标和结果的生产过程。

劳动对象（object of labour）：劳动过程中被转化为具有更高价值的新产品的材料（如肥沃的田地、奶牛和果树等）。

劳动工具（instrument of labour）：用于促进和改进劳动过程的工具，包括简单工具和复杂工具。在农民研究中，劳动工具尤其是复杂劳动工具，往往被错误地视为资本。

劳动过程（labour process）：生产过程中劳动力的组织和劳动活动。

劳动生产率（labour productivity）：劳动力用一定的工作量（通常用劳动时间来衡量）所能生产的物品或服务的数量。

劳动收入（labour income）：出售产品和服务所得的报酬减去生产这些产品和服务所需要的货币成本。

内部资源（internal resource）：在生产单元内部生产和再生产出来的资源。

农民（farmer）：对积极参与农业劳动过程的行动者的通称，这些行动者可能是小农、农民企业主、农业工人等。

农业（farming）：对小农农业、企业农业和公司农业的通称。

农政问题（agrarian question）：当农业生产方式与生态、社会以及直接事农者的利益和前途之间的关系出现严重紊乱时所产生的重要问题。

企业农业（entrepreneurial agriculture）：一种农业方式或模式。在这种模式中，市场交换比生态交换重要得多，它的资源库高度依赖外部（如银行）。企业农业往往通过兼并其他农民的资源进行扩张。

小农与农业的艺术
....

去小农化（depeasantization）：小农阶级的没落或消亡。这一现象的出现是由于小农用以再生产小农农业方式的资料和手段受到阻碍。

全球化（globalization）：被普遍认为是世界资本主义在当下（尤其是 20 世纪 80 年代以来）的发展阶段。有关全球化的影响存在很多争议，但其主要特征表现为严重缺乏规控的国际资本市场、金融资本的统治地位和新自由主义的政治计划。

商品（commodity）：一种用于市场交换并通过市场交换而获得的产品或服务。

商品化（commodification）：生产和再生产的要素来自市场交换，并为市场交换而生产，生产和再生产服从市场逻辑的支配。

上游市场（upstream market）：提供农业所需资源（如土地、劳动力、劳动工具、所有种类的物质投入、信贷等）的市场。

社会生产关系（social relation of production）：对生产和再生产活动进行形塑，同时对所生产财富的分配进行规范的所有社会关系以及制度与实践。

生产（production）：在不断变化的自然中通过劳动来满足人类生活条件的过程。

生产率（productivity）：用一定的资源（土地、劳动、水等）所能获得的产出。

生态交换（ecological exchange）：一个生产单元（如一个农

场）与其周围生态系统之间的互动。这种交换形式是非
商品性的。

食物帝国（food empire）：一个对食物的生产、加工、流通与
消费实施寡头垄断和控制的延伸极广的网络。这个网络
同时侵占了这些过程和活动中所创造的大部分价值。

食物体制（food regime）：一套对食物的生产、加工、流通与
消费进行组织和安排的国际体系，包含关系、规则和行
动等方面。当下的食物体制通常被称为公司食物体制或
帝国食物体制。

市场交换（market exchange）：一个生产单元（如一个农场）
与上下游市场之间的互动。这种交换类型交换的是商品。

推广员（extensionist）：与农民就有关技术和创新进行沟通和
传播的专业人员。

外部资源（external resource）：从上游市场获得、作为商品进
入生产过程并将市场逻辑带入生产过程核心的那些资源。

下游市场（downstream market）：农业商品在运离农场后进行
销售的市场。

小农（peasant）：从事小农农业的社会行动者。

小农阶级（peasantry）：拥有共同的经历和身份、运用内部机
制进行理念交流和资源交换，并赋予领导者以权威的小
农的集合。他们对于应该如何经营和发展农业有一套共
同的理念，也会共用公共资源或一同创建公共资源。

小农农业（peasant agriculture）：以自我控制的资源库为基础，
进行协同生产、（几乎）不使用雇佣劳动的农业方式或模

式。扩大每个劳动对象的附加值，是小农农业发展的重要内在驱动力。

小商品生产者（petty commodity producer）：一个分析性概念，主要用来指代那些采用市场导向的生产形式或生产方式，但是以非商品性资源和关系为基础的群体。小农农业也是一种小商品生产形式。

效用（utility）：生产过程所创造价值（包括商品性的价值和非商品性的价值）的总和。

协同生产（co-production）：人与自然之间的互动，使二者能够互相转化。协同生产可以包含生态交换和市场交换两个方面，是农业活动的一个非常重要的方面。

辛苦（drudgery）：生产一种产品或服务所需要的劳动。一般认为，在既有的总产量基础上，额外的产量提升需要付出额外的辛苦。

新自由主义（neoliberalism）：一种政治和意识形态上的计划与纲领，为了市场和市场中主要的行动者——资本家，而"推开政府"。

性别关系（gender relation）：指男性和女性在财产、劳动和收入等方面的关系，这些方面的性别分工和性别分配通常是不平等的。

原始积累（primitive accumulation）：对马克思而言，是资本主义的主要阶级得到建立的历史过程。它也是通过"超经济强制"的机制从特定阶级身上尽可能多地榨取财富的过程。更具体地说，它描绘了通过加重对小农阶级的剥削来加速工业化发展的历史过程。

再生产（reproduction）：用当下所生产的物品或赚取的收入来确保生活和未来生产的条件。

再小农化（repeasantization）：将农业重构为小农农业的过程，也可以指小农数量的增加。

资本（capital）：用于获得剩余价值的价值，资本的使用需要雇佣劳动。

资本主义（capitalism）：世界范围内建立起来的独特的社会经济体系，建立在劳动力与资本家的阶级关系基础上。

资源（resource）：维持生产过程所需要的社会和物质元素（土地、劳动力、知识、牲畜、作物、网络等）。所需要的资源可以由生产单元自己生产和再生产、通过社会规范交换获得或从上游市场购买。

自我控制的资源库（self-controlled resource base）：主要（尽管并非完全）以生产单元自身资源的生产和再生产为基础，从而实现相对的自主性。

参考文献

* 入门级推荐阅读

** 专业级推荐阅读

Abramovay, Ricardo. 1998. "O admirável mundo novo de Alexander Chayanov. " *Estudos Avançados* 12, 32.

Adey, Samantha. 2007. *A Journey Without Maps: Towards Sustainable Agriculture in South Africa.* Wageningen, The Netherlands: Wageningen University.

Agarwal, Bina. 1997. "Bargaining and Gender Relations Within and Beyond the Household. "*Feminist Economics* 3, 1.

Altieri, Miguel A. 1990. *Agroecology and Small Farm Development.* Ann Arbor, MI: CRC Press.

Altieri, Miguel A. , and Parviz Koohafkan. 2008. *Enduring Farms: Climate Change, Smallholders and Traditional Farming Communities.* Penang, Malaysia: TWN, Third World Network.

Altieri, Miguel A. , Fernando R. Funes-Monzote and Paulo Petersen. 2011. *Agroecologically Efficient Agricultural Systems for Smallholder Farmers: Contributions to Food Sovereignty.* Paris/Berlin: inra and Springer-Verlag.

Arkush, D. 1984. "' If Man Works Hard the Land Will Not Be Lazy' : Entrepreneurial Values in North Chinese Peasant Proverbs. " *Modern China* 10, 4.

Auhagen, O. 1923. "Vorwort. " In A. Chayanov (Tschajanow) ,

Die Lehre von der bäuerlichen Wirtschaft, Versuch einer Theorie der Familienwirtschaft im Landbau. Berlin: Verlagsbuchhandlung Paul Parey.

Bagnasco, A. 1988. *La Costruzione Sociale del Mercato, studi sullo sviluppo di piccole imprese in Italia.* Bologna, Italy: Il Mulino.

Ballarini, G. 1983. *L'animale tecnologico.* Parma, Italy: Calderini.

Barrett, C. B. , T. Reardon and P. Webb. 2001. "Nonfarm Income Diversification and Household Livelihood Strategies in Rural Africa: Concepts, Dynamics, and Policy Implications. " *Food Policy* 26.

Bennett, John W. 1982. *Of Time and the Enterprise, North American Family Farm Management in a Context of Resource Marginality.* Minneapolis: University of Minnesota Press.

Benvenuti, B. 1982. "De technologisch administratieve taakomgeving (TATE) van landbouwbe-drijven. " *Marquetalia* 5.

Benvenuti, B. , E. Bussi and M. Satta. 1983. *L 'imprenditorialitá agricola: a la ricerca di un fantasma.* Bologna, Italy: AIPA.

Benvenuti, B. , S. Antonello, C. de Roest, E. Sauda and J. D. van der Ploeg. 1988. *Produttore agricolo e potere; modernizzazione delle relazioni sociali ed economiche e fattori determinanti dell'imprenditorialita agricola.* Rome: CNR/IPRA.

** Bernstein, Henry. 2010a. *Class Dynamics of Agrarian Change.* Halifax: Fernwood Publishing.

Bernstein, Henry. 2010b. "Introduction: Some Questions Concerning the Productive Forces. " *Journal of Peasant Studies* 10, 3.

Bernstein, Henry. 2009. "V. I. Lenin and A. V. Chayanov: Looking Back, Looking Forward. " *Journal of Peasant Studies* 36, 1.

Bieleman, J. 1992. *Geschiedenis van de landbouw in Nederland, 1500 – 1950.* Meppel, The Netherlands: Boom.

Boelens, R. 2008. *The Rules of the Game and the Game of the Rules: Normalization and Resistance in Andean Water Control.* Wageningen, The Netherlands: Wageningen University.

Bonnano, A. , L. Busch, W. Friedland, L. Gouveia and E. Mingione. 1994. *From Columbus to Conagra: The Globalization of Agriculture and Food.* Lawrence: University Press of Kansas.

Borras, S. M. 2004. *La Via Campesina: An Evolving Transnational Social Movement.* Amsterdam: Transnational Institute.

Borras, S. M. , Marc Edelman and Cris Kay. 2008. "Transnational Agrarian Movements: Origins and Politics, Campaigns and Impact. " In S. M. Borras et al. (eds.), *Transnational Agrarian Movements Confronting Globalization*, special issue, *Journal of Agrarian Change* 8, 1/2.

Boserup, Ester. 1970. *Evolution agraire et pression demographique.* Paris: Flammarion.

* Bové, J. , and F. Dufour. 2001. *The World Is Not for Sale.* London: Verso.

** Bray, Francesca. 1986. *The Rice Economies: Technology and Development in Asian Societies.* Oxford: Blackwell.

Brookfield, Harold, and Helen Parsons. 2007. *Family Farms: Survival and Prospect, a World-Wide Analysis.* Oxford: Routledge.

Brox, O. 2006. *The Political Economy of Rural Development: Modernisation Without Centralisation?* Delft, The Netherlands: Eburon.

Brush, S. B. , J. C. Heath and Z. Huaman. 1981. "Dynamics of Andean Potato Agriculture. " *Economic Botany* 35, 1.

Bryden, J. M. 2003. "Rural Development Situation and Challenges in EU-25. " Keynote Speech to the EU Rural Development Conference, Salzburg, Austria.

Cassel, Guilherme. 2007. "A atualidade da Reforma Agraria. " *Jornal Folha de Sao Paulo* March 4.

Chambers, J. D. , and G. E. Mingay. 1966. *The Agricultural Revolution 1750 – 1880*. London: B. T. Batsford Ltd.

Chayanov, Alexander. 1991 [1927]. *The Theory of Peasant Cooperatives*. Columbus: Ohio State University Press.

** Chayanov, Alexander. 1988 [1917]. *L'economia di lavoro, scritti scelti, a cura di Fiorenzo Sperotto*. Milan: Franco Angeli/INSOR.

Chayanov, Alexander. 1976 [1920]. "The Journey of My Brother Alexis to the Land of Peasant Utopia. " *Journal of Peasant Studies* 4.

** Chayanov, Alexander. 1966 [1925]. *The Theory of Peasant Economy*. (D. Thorner et al. , editors.) Manchester: Manchester University Press.

Chayanov, Alexander. 1924. *Die Sozial Agronomie, ihre Grundgedanken und ihre Arbeitsmetoden*. Berlin: Verlagsbuchhandlung Paul Parey.

Chayanov, Alexander. 1923. *Die Lehre von der bäuerlichen Wirtschaft, Versuch einer Theorie der Familienwirtschaft im Landbau*. Berlin: Verlagsbuchhandlung Paul Parey.

Columella, Luciano G. M. 1977. *L' arte dell'agricoltura e libro sugli alberi*. Torino, Italy: Einaudi editore.

Conklin, H. C. 1957. *Hanunóo Agriculture, A Report on an Integral System of Shifting Cultivation in the Philippines*. Rome: FAO.

Danilov, Viktor. 1991. "Introduction: Alexander Chayanov as a Theoretician of the Co-operative Movement. " In Alexander Chayanov, *The Theory of Peasant Co-operatives*. Columbus: O-hio State University Press.

Dannequin, Fabrice, and Arnaud Diemer. 2000. "L'economie de l'agriculture familiale de Chayanov a Georgescu-Roegen. " Paper presented at Colloque SFER, Paris, November 2000.

Davis, M. 2006. *Planet of Slums*. London: Verso.

Deléage, Estelle. 2012. "Lespaysans dans la modernité. " *La Découverte/Revue Française de Socio-Economie* 1, 9.

Deng, Zhenglai. 2009. "Academic Inquiries into the ' Chinese Success Story' . " In Deng Zhenglai (ed.), *China's Economy, Rural Reform and Agricultural Development*. Singapore: World Scientific Publishing Co.

Desmarais, A. 2002. "Peasants Speak—The *Vía Campesina*: Consolidating an International Peasant and Farm Movement. " *Journal of Peasant Studies* 29, 2.

Domínguez García, M. D. 2007. *The Way You Do It Matters: A Case Study on Farming Economically in Galician Agroecosystems in the Context of a Cooperative*. Wageningen, The Netherlands: Wageningen University.

Dries, A. van der. 2002. *The Art of Irrigation: The Development, Stagnation and Redesign of Farmer-Managed Irrigation Systems in Northern Portugal*. Wageningen, The Netherlands: Circle for Rural European Studies, Wageningen University.

Du, Runsheng. 2006. *The Course of China's Rural Reform*. Washington, DC: International Food Policy Research Institute.

Durrenberger, E. Paul. 1984. *Chayanov, Peasants, and Economic*

190

Anthropology. Orlando: Harcourt Brace.

Edelman, M. 2005. "Bringing the Moral Economy back in … to the Study of 21st Century Transnational Peasant Movements. " *American Anthropologist* 107, 3.

Engel, P. H. G. 1997. *The Social Organization of Innovation: A Focus on Stakeholder Interaction.* Wageningen, The Netherlands: Wageningen University.

Enriquez, L. J. 2003. "Economic Reform and Repeasantization in Post-1990 Cuba. " *Latin American Research Review* 38, 1.

Evers, A. G. , M. H. A. de Haan, K. Blanken, J. G. A. Hemmer, G. Hollander, G. Holshof and W. Ouweltjes. 2006. "Results Low Cost Farm, 2006, Rapport nr. 53. " Wageningen, The Netherlands: Animal Science Group, Wageningen University.

Fei, Hsiao Tung. 1939. *Peasant Life in China: A Field Study of Country Life in the Yangtze Valley.* London: George Routledge and Sons.

Friedmann, H. 2004. "Feeding the Empire: The Pathologies of Globalized Agriculture. " In R. Miliband (ed.) , *The Socialist Register.* London: Merlin Press.

* Friedmann, H. 1993. "The Political Economy of Food: A Global Crisis. " *New Left Review* 1.

** Friedmann, H. 1980. "Household Production and the National Economy: Concepts for the Analysis of Agrarian Formations. " *Journal of Peasant Studies* 7.

Galeano, Eduardo. 1971. *Open Veins of Latin America: Five Centuries of the Pillage of a Continent.* New York: Monthly Review Press.

Garstenauer, R. , Sophie Kickinger and Ernst Langthaler. 2010.

"The Agrosystemic Space of Farming: Analysis of Farm Records in Two Lower Austrian Regions, 1945 – 1980s. " Paper to the Institute of Rural History Workshop, Historicising Farming Styles, in Melk, Austria, October 22 – 23, 2010.

Geertz, C. 1963. *Agricultural Involution.* Berkeley, CA: University of California Press.

Georgescu-Roegen, N. 1982. *Energia e Miti Economici.* Torino, Italy: Editore Boringhieri.

Gerritsen, P. R. W. 2002. *Diversity at Stake: A Farmer's Perspective on Biodiversity and Conservation in Western Mexico.* Wageningen, The Netherlands: Circle for Rural European Studies, Wageningen University.

Gulati, Ashok, and Shenggen Fan. 2007. *The Dragon and the Elephant: Agricultural and Rural Reforms in China and India.* Baltimore: IFPRI/Johns Hopkins University Press.

Halamska, M. 2004. "A Different End of the Peasants. " *Polish Sociological Review* 3, 147.

Hardt, Michael, and Antonio Negri. 2004. *Multitude: War and Democracy in the Age of Empire.* New York: Penguin Press.

Harvey, David. 2010. *The Enigma of Capital and the Crises of Capitalism.* London: Profile Books.

Hayami, Yujiro. 1978. *Anatomy of a Peasant Economy: A Rice Village in the Philippines.* Los Baños, Philippines: International Rice Research Institute.

Hayami, Yujiro, and V. Ruttan. 1985. *Agricultural Development: An International Perspective.* Baltimore: Johns Hopkins.

Hebinck, P. 1990. *The Agrarian Structure in Kenya: State, Farmers and Commodity Relations.* Saarbrucken: Verlag Breitenbach.

Heijman, Wim, M. H. Hubregtse and J. A. C. van Ophem. 2002. "Regional Economic Impact of Non-Standard Activities on Farms: Method and Application to the Province of Zeeland in the Netherlands." In J. D. van der Ploeg, A. Long and J. Banks (eds.), *Living Countryside: Rural Development Processes in Europe—The State of the Art.* Doetinchem, The Netherlands: Elsevier.

Hobsbawn, Eric. 1994. *The Age of Extremes: The Short Twentieth Century.* London: Penguin Press.

Hofstee, E. W. 1985. *Groningen van Grasland naar Bouwland, 1750 – 1930.* Wageningen, The Netherlands: Pudoc.

Holloway, John. 2010. *Crack Capitalism.* London: Pluto Press.

Holloway, John. 2002. *Change the World Without Taking Power.* London: Pluto Press.

Huang, Philip C. C. 1990. *The Peasant Family and Rural Development in the Yangzi Delta 1350 – 1988.* Stanford, CA: Stanford University Press.

IAASTD (International Assessment of Agricultural Knowledge, Science and Technology for Development). 2009. *Agriculture at a Crossroads: Global Report.* Washington, DC: Island Press.

IFAD (International Fund for Agricultural Development). 2010. *Rural Poverty Report 2011: New Realities, New Challenges, New Opportunities for Tomorrow's Generation.* Rome: IFAD.

Jackson, Tim. 2009. *Prosperity Without Growth? The Transition to a Sustainable Economy.* London: Sustainable Development Commission.

Janvry, A. de. 2000. "La logica delle aziende contadine e le strategie di sostegno allo sviluppo rurale." *La Questione Agraria* 4.

* Johnson, H. 2004. "Subsistence and Control: The Persistence of the Peasantry in the Developing World. "*Undercurrent* 4, 1.

Kamp, A. van der, A. G. Evers and B. J. H. Hutschemaekers. 2003. *Three Years High-Tech Farm, Praktijkrapport Rundvee,* nr. 26. Wageningen, The Netherlands: Animal Science Group, Wageningen University.

Kautsky, Karl. 1974 [1899]. *La cuestión agraria.* Buenos Aires: Siglo Veintiuno, Argentina Editores.

Kay, Cristóbal. 2009. "Development Strategies and Rural Development: Exploring Synergies, Eradicating Poverty. " *Journal of Peasant Studies* 36, 1.

Kerblay, Basile. 1985. *Du Mir aux Agrovilles.* Paris: Institut du Monde Sovietique et de l'Europe Centrale et orientale.

Kerblay, Basile. 1966. "A. V. Chayanov: Life, Career, Works. " In Chayanov, *Theory of Peasant Economy*. Manchester: Manchester University Press.

Kessel, Joop van. 1990. "Productieritueel en technisch betoog bij de Andesvolkeren. "*Derde Wereld* 1, 2.

Kinsella, J. , P. Bogue, J. Mannion and S. Wilson. 2002. "Cost Reduction for Small-Scale Dairy Farms in County Clare. " In Ploeg, Long and Banks (eds.), *Living Countrysides*. Doetinchem, The Netherlands: Elsevier.

Lacroix, A. 1981. *Transformations du Proces de Travail Agricole, Incidences de l'Industrialisation sur les Conditions de Travail Paysannes.* Grenoble, France: INRA.

Lallau, Benoit. 2012. "De la modernité des paysans. " *La Découverte/Revue Française de Socio-Economie* 1, 9.

Langthaler, Ernst. 2012. "Balancing Between Autonomy and Dependence: Family Farming and Agrarian Change in Lower Austria, 1945 – 1980. ” In Günter Bischof and Fritz Plasser (eds.), *Austrian Lives.* New Orleans: Contemporary Austrian Studies XXI.

Lawner, Lynne. 1975. *Letters from Prison by Antonio Gramsci.* London: Jonathan Cape.

Lenin, Vladimir Ilyich. 1961 [1906]. “The Agrarian Question and the ‘Critics of Marx’. ” In *Collected Works,* V. Moscow: Foreign Languages Publishing House.

Li, Xiaoyun, Qi Gubo, Tang Lixia, Zhao Lixia, Jin Leshan, Guo Zhanfeng and Wu Jin. 2012. *Agricultural Development in China and Africa: A Comparative Analysis.* London: Routledge.

Lippit, V. D. 1987. *The Economic Development of China.* Arkmont, NY: Sharpe.

Lipton, M. 1977. *Why Poor People Stay Poor: Urban Bias in World Development.* London: Temple Smith.

** Little, Daniel. 1989. *Understanding Peasant China: Case Studies in the Philosophy of Science.* New Haven, CT: Yale University Press.

Long, Norman. 1984. *Family and Work in Rural Societies: Perspectives on Non-Wage Labour.* London: Tavistock.

Long, Norman, and A. Long. 1992. *Battlefields of Knowledge: The Interlocking of Theory and Practice in Social Research and Development.* London: Routledge.

Luxemburg, Rosa. 1951 [1913]. *The Accumulation of Capital.* London: Routledge.

Maat, Harro, and Dominic Glover. 2012. “Alternative Configurations of Agronomic Experimentation. ” In J. Sumberg and

J. Thompson (eds.) , *Contested Agronomy*. London: Routledge.

Mann, S. , and J. Dickinson. 1978. "Obstacles to the Development of a Capitalist Agriculture. " *Journal of Peasant Studies* 5,4.

Mariátegui, José Carlos. 1928. 7 *Ensayos de interpretación de la realidad Peruana*. Lima: Amauta.

Martinez-Alier, J. 1991. "The Ecological Interpretation of Socio-Economic History: Andean Examples. " *Capitalism Nature Socialism* 2, 2.

Marx, Karl. 1963 [1852] . *The Eighteenth Brumaire of Louis Bonaparte*. New York: International Publishers.

Marx, Karl. 1951 [1863] . *Theories of Surplus Value*. London: Lawrence and Wishart.

Marx, Karl, and Friedrich Engels. 1975. *Collected Works, Volume* 24. New York: International Publishers.

Mazoyer, M. , and L. Roudart. 2006. *A History of World Agriculture*. London: Routledge.

MDA (Ministério do Desenvolvimento Agrário) . 2009. *Agricultura Familiar no Brasil e O Censo Agropecuário 2006*. Brazil: MDA.

Mendras, Henri. 1987. *La Fin des Paysans, suivi d'une reflexion sur la fin des pasans: Vingt Ans Aprés*. Paris: Actes Sud.

Mendras, Henri. 1970. *The Vanishing Peasant: Innovation and Change in French Agriculture*. Cambridge: Cambridge University Press.

Milone, P. 2004. *Agricoltura in transizione: la forza dei piccoli passi; un analisi neo-istituzionale delle innovazioni contadine*. PhD diss. , Wageningen University.

Mitchell, T. 2002. *Rule of Experts: Egypt, Techno-Politics, Modernity*. Berkeley: University of California Press.

Moore, Barrington, Jr. 1966. *Social Origins of Dictatorship and De-mocracy: Lord and Peasant in the Making of the Modern World.* London: Penguin University Books.

Mottura, Giovanni. 1988. "Prefazione A. V. Čajanov: proposte per una possibile linea di lettura di alcuni lavori." In *Čajanov, Aleksandr Vasil'evč, L'economia di lavoro, scritti scelti.* Milan: Franco Angeli/INSO.

Negri, Antonio. 2008. *Reflections on Empire.* Cambridge: Polity Press.

* Netting, Robert. 1993. *Smallholders, Householders: Farming Families and the Ecology of Intensive, Sustainable Agriculture.* Stanford, CA: Stanford University Press.

Norder, Luiz A. Cabello. 2004. *Políticas de Asentamento e Locali-dade: os desafios da reconstituçao do trabalho rural no Brasil.* Wa-geningen, The Netherlands: Wageningen University.

Oostindie, Henk. 2013. *Multifunctional Agricultural Pathways: Bun-dles of Resistance, Redesign and Resilience.* Wageningen, The Netherlands: Wageningen University.

Oostindie, Henk, Pieter Seuneke, Rudolf van Broekhuizen, Els Hegger and Han Wiskerke. 2011. *Dynamiek en robuutstheid van multifunctionele landbouw, rapportage onderzoeksfase 2: emprisich on-derzoek onder 120 multifunctionele landbouwbedrijven.* Wagenin-gen, The Netherlands: LSG Rurale Sociologie, Wageningen University.

Osti, G. 1991. *Gli innovatori della periferia, la figura sociale dell'innovatore nell'agricoltura di montagna.* Torino, Italy: Reverdito Edizioni.

Ostrom, E. 1990. *Governing the Commons: The Evolution of Institu-tions for Collective Action.* Cambridge: Cambridge University

Press.

Paredes, M. 2010. *Peasants, Potatoes and Pesticides: Heterogeneity in the Context of Agricultural Modernization in the Highland Andes of Ecuador.* Wageningen, The Netherlands: Wageningen University.

Paz, R. 2006. "Elcampesinado en el agro argentino: Repensando el debate teórico o un intento de reconceptualización?" *Revista Europea de Estudios Latinoamericanos y del Caribe* 81.

Perez, Julian. 2012. *A construção social de mecanismos alternativos de mercados no âmbito da Rede Ecovida de Agroecologia.* Paraná, Brazil: MADE-UFPR.

Pérez-Vitoria, Sylvia. 2005. *Les paysans sont de retour, essai.* Arles, France: Actes Sud.

Ploeg, Jan Douwe van der. 2008. *The New Peasantries: Struggles for Autonomy and Sustainability in an Era of Empire and Globalization.* London: Routledge.

Ploeg, Jan Douwe van der. 2003. *The Virtual Farmer: Past, Present and Future of the Dutch Peasantry.* Assen, The Netherlands: Royal Van Gorcum.

Ploeg, Jan Douwe van der. 2000. "Revitalizing Agriculture: Farming Economically as Starting Ground for Rural Development. " *Sociologia Ruralis* 40,4.

Ploeg, Jan Douwe van der. 1990. *Labour, Markets, and Agricultural Production.* Boulder, CO: Westview Press.

Ploeg, Jan Douwe van der, J. Bouma, A. Rip, F. Rijkenberg, F. Ventura and J. Wiskerke. 2004. "On Regimes, Novelties, Niches and Co-production. " In J. S. C. Wiskerke and J. D. van der Ploeg (eds.), *Seeds of Transition: Essays on Novelty Production,*

Niches and Regimes in Agriculture. Assen, The Netherlands: Royal van Gorcum.

Ploeg, Jan Douwe van der, A. Long and J. Banks. 2002. *Living Countrysides: Rural Development Processes in Europe—The State of Art.* Doetinchem, The Netherlands: Elsevier.

Ploeg, Jan Douwe van der, and Ye Jingzhong. 2010. "Multiple Job Holding in Rural Villages and the Chinese Road to Development. " *Journal of Peasant Studies* 37, 3.

Ploeg, Jan Douwe van der, Ye Jingzhong and Sergio Schneider. 2012. "Rural Development Through the Construction of New, Nested Markets: Comparative Perspectives from China, Brazil and the European Union. " *Journal of Peasant Studies* 39, 1.

** Polanyi, K. 1957. *The Great Transformation: The Political and Economic Origins of Our Time.* Boston: Beacon Press.

Richards, Paul. 1985. *Indigenous Agricultural Revolution: Ecology and Food Production in West Africa.* London: Unwin Hyman.

Rip, A. , and R. Kemp. 1998. "Technological Change. " In S. Rayner and E. L. Malone (eds.), *Human Choice and Climate Change.* Vol. 2. Columbus, OH: Battelle Press.

Roep, D. 2000. *Vernieuwend werken; sporen van vermogen en onvermogen (een socio-materiele studie over verniewuing in de landbouw uitgewerkt voor de westelijke veenweidegebieden).* Wageningen, The Netherlands: Circle for Rural European Studies, Wageningen University.

Rooij, S. J. G. de. 1994. "Work of the Second Order. " In Leendert van der Plas and Maria Fonte (eds.), *Rural Gender Studies in Europe.* Assen, The Netherlands: Royal Van Gorcum.

Rosset, Peter Michael, and Maria Elena Martínez-Torres. 2012. "Rural Social Movements and Agroecology: Context, Theory, and Process. "*Ecology and Society* 17, 3.

Rosset, Peter Michael, Braulio Machín Sosa, Adilén María Roque Jaime and Dana Rocío Ávila Lozano. 2011. "The Campesino-to-Campesino Agroecology Movement of ANAP in Cuba: Social Process Methodology in the Construction of Sustainable Peasant Agriculture and Food Sovereignty. " *Journal of Peasant Studies* 38, 1.

Sabourin, E. 2006. "Praticas sociais, políticas públicas e valores humanos. " In S. Schneider (ed.) , *A Diversidade da Agricultura Familiar.* Porto Alegre, Italy: ufrgs Editora.

Saccomandi, V. 1998. *Agricultural Market Economics: A Neo-Institutional Analysis of Exchange, Circulation and Distribution of Agricultural Products.* Assen, The Netherlands: Royal van Gorcum.

Salas, Maria, and Hermann Tilmann. 1990. "Andean Agriculture—A Development Path for Peru? " In ILEA Newsletter, March.

Salter, W. E. G. 1966. *Productivity and Technical Change.* Cambridge: Cambridge University Press.

Savarese, E. 2012. *Young People's Perception of Rural Areas: A European Survey Carried Out in Eight Member States.* Rome: Rete Rurale, Ministero delle Politiche Agricoli, Alimentari e Forestali.

* Schneider, S. , and P. Niederle. 2010. "Resistance Strategies and Diversification of Rural Livelihoods: The Construction of Autonomy among Brazilian Family Farmers. " *Journal of Peasant Studies* 37, 2.

Schneider, S. , S. Shiki and W. Belik. 2010. "Rural Development in Brazil: Overcoming Inequalities and Building New Markets. " *Rivista di Economia Agraria* LXV, 2.

Schutter, Olivier de. 2011. "How Not to Think of Land-Grabbing: Three Critiques of Large-Scale Investments in Farmland. " *Journal of Peasant Studies* 38, 2.

** Scott, James C. 2009. *The Art of Not Being Governed: An Anarchist History of Upland Southeast Asia.* New Haven, CT: Yale University Press.

** Scott, James C. 1998. *Seeing Like a State: How Certain Schemes to Improve the Human Condition Have Failed.* New Haven, CT: Yale University Press.

Scott, James C. 1976. *The Moral Economy of the Peasant.* New Haven, CT: Yale University Press.

Sereni, Emilio E. 1981. *Storia del paesaggioagrarioitaliano.* Laterza, Bari.

Sender, J. , and D. Johnston. 2004. "Searching for a Weapon of Mass Production in Rural Africa: Unconvincing Arguments for Land Reform. "*Journal of Agrarian Change* 4, 1 & 2.

Sennett, R. 2008. *The Craftsman.* New Haven, CT: Yale University Press.

Sevilla Guzman, Eduardo. 1990. "Redescubriendo a Chayanov: hacia un neopopulismo ecológico. " *Agricultura y Sociedad* 55.

Sevilla Guzman, Eduardo, and Manuel González de Molina. 2005. *Sobre a evolução do conceito de campesinato.* Brasília: Via Campesina do Brasil/Expressão Popular.

** Shanin, Teodor. 2009. "Chayanov's Treble Death and Tenuous Resurrection: An Essay About Understanding, About Roots of

Plausibility and About Rural Russia. " *Journal of Peasant Studies* 36, 1.

Shanin, Teodor. 1986. "Chayanov's Message: Illuminations, Miscomprehensions, and the Contemporary ' Development Theory' . " Introduction to A. V. Chayanov, *The Theory of Peasant Economy*. Madison: University of Wisconsin Press.

Slicher van Bath, B. H. 1978. "Over boerenvrijheid (inaugurele rede Groningen, 1948) . " In B. H. Slicher van Bath and A. C. van Oss (eds.) , *Geschiedenis van Maatschappij en Cultuur*. Baarn, The Netherlands: Basisboeken Ambo.

Slicher van Bath, B. H. 1960. *De agrarische geschiedenis van West-Europa, 500 – 1850*. Utrecht/Antwerpen, The Netherlands: Het Spectrum.

Sonneveld, M. P. W. 2004. *Impressions of Interactions: Land as a Dynamic Result of Co-Production between Man and Nature*. PhD diss. , Wageningen University.

Sperotto, F. 1988. "Aproximación a la vida y a la obra de Chayanov. " *Agricultura y Sociedad* 48.

Spoor, Max. 2012. "Agrarian Reform and Transition: What Can We Learn From ' The East' ?"*Journal of Peasant Studies* 39, 1.

Steenhuijsen Piters, B. de. 1995. *Diversity of Fields and Farmers: Explaning Yield Variations in Northern Cameroon*. Wageningen, The Netherlands: Agricultural University.

Stoop, Willem A. 2011. "The Scientific Case for System of Rice Intensification and Its Relevance for Sustainable Crop Intensification. " *International Journal of Agricultural Sustainability* 9, 3.

Sumberg, James, and C. Okali. 1997. *Farmers' Experiments: Creating Local Knowledge*. Boulder, CO: Lynne Rienner Publishers.

Sumberg, James, and John Thompson (ed.) . 2012. *Contested Agronomy: Agricultural Research in a Changing World.* London: Routledge.

Sumberg, James, John Thompson and Philip Woodhouse. 2013. "Why Agronomy in the Developing World Has Become Contentious. " *Agriculture and Human Values* 30, 1.

Thiesenhuisen, W. C. 1995. *Broken Promises: Agrarian Reform and the Latin American Campesino.* Boulder, CO: Westview Press.

* Thorner, D. 1966. "Chayanov's Concept of Peasant Economy. " In Chayanov, *Theory of Peasant Economy.* Manchester: Manchester University Press.

Timmer, C. P. 1970. "On Measuring Technical Efficiency. " *Food Research Institute Studies in Agricultural Economics, Trade and Development* 9, 2.

Timmer, W. J. 1949. *Totale Landbouwwetenschap, een cultuurphiloophische beschouwing over landbouw en landbouwwetenschap als mogelijke basis voor vernieuwing van het landbouwkundig hoger onderwijs.* Groningen, The Netherlands: Wolters.

Toledo, Victor M. 2011. "Laagrocología en Latinoamercia: tres revoluciones, una misma transformación. " *Agroecología* 6.

* Toledo, Victor M. 1990. "The Ecological Rationality of Peasant Production. " In M. Altieri, *Agroecology and Small Farm Development.* Ann Arbor, MI: CRC Press.

Vanloqueren, G. , and P. V. Baret. 2009. "How Agricultural Research Systems Shape a Technological Regime That Develops Genetic Engineering but Locks Out Agroecological Innovations. " *Research Policy*, 38.

Veltmeyer, H. 1997. "New Social Movements in Latin America: The Dynamics of Class and Identity. " *Journal of Peasant Studies* 25, 1.

Ventura, F. 2001. *Organizzarsi per Sopravvivere: Un analisi neo-istituzionale dello sviluppo endogeno nell'agricoltura Umbra.* PhD diss. , Wageningen University.

Ventura, F. 1995. "Styles of Beef Cattle Breeding and Resource Use Efficiency in Umbria. " In J. D. van derPloeg and G. van Dijk (eds.) , *Beyond Modernization: The Impact of Endogenous Rural Development.* Assen, The Netherlands: Royal Van Gorcum.

Vera Delgado, J. 2011. *The Ethno-Politics of Water Security: Contestations of Ethnicity and Gender in Strategies to Control Water in the Andes of Peru.* Wageningen, The Netherlands: Wageningen University.

Vijverberg, A. J. 1996. *Glastuinbouw in ontwikkeling, beschouwingen over de sector en de beinvloeding ervan door de wetenschap.* Delft, The Netherlands: Eburon.

Visser, Jozef. 2010. *Down to Earth: A Historical-Sociological Analysis of the Rise and Fall of "Industrial" Agriculture and the Prospects for the Re-rooting of Agriculture from the Factory to the Local Farmer and Ecology.* PhD diss. , Wageningen University.

Vitali, S. , J. B. Glattfelder and S. Battiston. 2011. "The Network of Global Corporate Control. " < arxiv. org/abs/1107. 5728v1 >.

Vlaslos, Stephen. 1986. *Peasant Protests and Uprisings in Tokugawa, Japan.* Berkely: University of California Press.

Vries, Egbert de. 1948. *De Aarde Betaalt: de rijkdommen der aarde en hun betekenis voor de wereldhuishouding en politiek.* Den Haag,

The Netherlands: Uitgeverij Albani.

Vries, Egbert de. 1931. *De landbouw en de welvaart in het regentschap Pasoeroean, bijdrage tot de kennis van de sociale economie van Java.* Wageningen, The Netherlands: Landbouwhogeschool.

Wanderley, Maria de Nazareth Baudel. 2009. "Em busca da modernidade social: uma homenagem a Alexander V. Chayanov. " In Maria Wanderley, *O mundo rural como um espaço de vida; reflexões sobre a propriedade da terra, agricultura familiar e ruralidade.* Porto Alegre, Brazil: PGDR/UFRGS Editora.

Warman, A. 1976. *Y venimos a contradecir, los campesinos de Morelos y el Estado Nacional.* Mexico City: Ediciones de la Casa Chata.

Wartena, D. 2006. *Styles of Making a Living and Ecological Change on the Fon and Adja Plateaux in South Benin, ca. 1600 – 1900.* PhD diss. , Wageningen University.

Weis, Tony. 2010. "The Accelerating Biophysical Contradictions of Industrial Capitalist Agriculture. "*Journal of Agrarian Change* 10, 3.

** Weis, Tony. 2007. *The Global Food Economy: The Battle for the Future of Farming.* London: Zed Books.

White, Ben. 2011. *Who Will Own the Countryside? Dispossession, Rural Youth and the Future of Farming.* The Hague: International Institute of Social Studies.

Wiskerke, J. S. C. , and J. D. van der Ploeg. 2004. *Seeds of Transition: Essays on Novelty Production, Niches and Regimes in Agriculture.* Assen, The Netherlands: Royal Van Gorcum.

Wit, C. T. de. 1992. "Resource Use Efficiency in Agriculture. " *Agricultural Systems* 40.

Wolf, Eric R. 1969. *Peasant Wars of the Twentieth Century.* New York: Harper and Row.

Woodhouse, Philip. 2010. "Beyond Industrial Agriculture? Some Questions about Farm Size, Productivity and Sustainability. " *Journal of Agrarian Change* 10, 3.

Wu, Xiang. 1998. "The Tortuous Processes of Rural Reform. " *The Century* 3.

Yang, M. C. 1945. *A Chinese Village: Taitou, Shantung Province*. New York: Columbia University Press.

Ye, Jingzhong. 2002. *Processes of Enlightenment: Farmer Initiatives in Rural Development in China*. Wageningen, The Netherlands: Wageningen University.

Ye, Jingzhong, Rao Jing and Wu Huifang. 2010. "Crossing the River by Feeling the Stones: Rural Development in China. " *Rivista di Economia Agraria* 65, 2.

* Ye, Jingzhong, Wang Yihuan and Norman Long. 2009. "Farmer Initiatives and Livelihood Diversification: From the Collective to a Market Economy in Rural China. " *Journal of Agrarian Change* 9, 2.

Xu, Yingfeng. 1999. "Agricultural Productivity in China. " *China Economic Review* 10.

Zhao, Yong, and J. D. van der Ploeg. 2009. "Telling Data: An Analysis of the Note Book of a Chinese Farmer. " *Journal of China Agricultural University* 26, 3.

Yotopoulos, P. A. 1974. "Rationality, Efficiency and Organizational Behaviour Through the Production Function: Darkly. " *Food Research Institute Studies* 13, 3.

Zanden, J. L. van. 1985. *De Economische Ontwikkeling van de Nederlandse Landbouw in de Negentiende Eeuw, 1800 – 1914*. Wageningen, The Netherlands: AAG Bijdragen, Landbouwuniversiteit.

术语表

agrarian question　农政问题

agrarian studies　农政研究

anti-market device　反市场装置

bounded rationality　有限理性

capital formation　资本形成

capital goods　资本品

capital intensity　资本密集度

capital renewal　资本更新

co-evolution　协同进化

commons　公共资源

co-production　协同生产

corporate agriculture　公司农业

deactivation　失活

depeasantization　去小农化

disembodied technological change　非物化技术进步

downstream market　下游市场

drudgery-utility balance　辛苦—效用平衡

ecological exchange　生态交换

economical farmer　节约型农民

enlightened absolutism　开明专制

小农与农业的艺术

entrepreneurial agriculture 企业农业

external resource 外部资源

farming style 农业方式

food empire 食物帝国

food regime 食物体制

frontier function 边界函数

gender relation 性别关系

gross product 总产值

growth factor 生长因子

horizontal cooperation 横向合作

instrument of labour 劳动工具

internal resource 内部资源

inverse relationship 反向关系

inverted supply curve 反向供给曲线

La Vía Campesina 农民之路

labour driven intensification 劳动驱动型集约化

labour income 劳动收入

labour intensity 劳动密集度

labour process 劳动过程

labour productivity 劳动生产率

labour product 劳动产值

labour-consumption balance 劳动—消费平衡

law of diminishing return 报酬递减律

law of the minimum 最小因子定律

market exchange　市场交换

material expenditure　物质支出

mechanical technology　机械式技术

Movimento dos Trabalhadores Sem Trra　无地农民运动，简
称 MST

mutual relationship　相互关系

net farm result　农场净收入

net product　净产值

novelty production　新奇事物生产

object of labour　劳动对象

part-time farmer　兼业农民

peasant agriculture　小农农业

petty commodity producer　小商品生产者

plunder of labour　掠夺劳动

pluriactive family　兼业式家庭

primitive accumulation　原始积累

production ecology　生产生态学

repeasantization　再小农化

self-controlled resource base　自我控制的资源库

self-exploitation　自我剥削

skill oriented technology　技艺导向的技术

social relation of production　社会生产关系

societal ratio　社会比率

squeeze on agriculture　对农业的挤压

system of rice intensification　水稻强化栽培体系，简称 SRI

technology driven intensification　技术驱动型集约化

transnational agrarian movement　跨国农政运动，简称 TAM

vanguard farmer　先锋农民

vertical cooperation　纵向合作

working class　劳动阶级

zemstvo　俄国地方自治局

人名表

Adey, Samantha 萨曼莎·阿迪

Aquino, MariaCorazon Cojuangco 科拉松·阿基诺

Auhagen, Otto 奥托·奥哈根

Ballarini, Giovanni 乔瓦尼·巴拉里尼

Bennett, John 约翰·本内特

Benvenuti, Bruno 布鲁诺·本韦努蒂

Bernstein, Henry 亨利·伯恩斯坦

Bieleman, Jan 扬·比勒曼

Bizzozzero, Antonio 安东尼奥·比佐泽罗

Boserup, Ester 埃丝特·博斯拉普

Boussingault, Jean-Baptiste 让-巴蒂斯特·布森戈

Bové, José 若泽·博韦

Bray, Francesca 白馥兰

Brookfield, Harold 哈罗德·布鲁克菲尔德

Brox, Ottar 奥塔尔·布罗克斯

Bukharin, Nikolai Ivanovitch 尼古拉·伊万诺维奇·布哈林

CastroPozo, Hildebrando 伊尔德布兰多·卡斯特罗·波索

CastroRuz, Fidel Alejandro 菲德尔·亚历杭德罗·卡斯特罗·
鲁斯

Chambers, Jonathan David 乔纳森·戴维·钱伯斯

小农与农业的艺术

Chayanov, Alexander　亚历山大·恰亚诺夫

Columella, Lucius Junius Moderatus　卢修斯·朱尼厄斯·莫德拉
图斯·科卢梅拉

Conklin, Harold　哈罗德·康克林

Conroy, Brenda　布伦达·康罗伊

Deléage, Estelle　埃斯特勒·德莱亚热

Durrenberger, Paul　保罗·达伦伯杰

Engel, Paul　保罗·恩格尔

Friedmann, Harriet　哈丽雅特·弗里德曼

Gerritsen, Peter　彼得·格里森

Gramsci, Antonio　安东尼奥·葛兰西

Guzman, Sevilla　塞维利亚·古兹曼

Hardt, Michael　迈克尔·哈特

Hayami, Yujiro　速水佑次郎

Hobsbawm, Eric　艾瑞克·霍布斯鲍姆

Hofstee, Evert Willem　埃弗特·威廉·霍夫斯蒂

Ikerd, John　约翰·艾克

Jackson, Tim　蒂姆·杰克逊

Kautsky, Karl　卡尔·考茨基

Kemp, René　勒内·肯普

Kerblay, Basile　巴西勒·凯尔布莱

Kessel, Joop van　约普·范克塞尔

Lacroix, Anne　安妮·拉克鲁瓦

Lallau, Benoit　伯努瓦·拉洛

Langthaler, Ernst 恩斯特·朗塔莱罗

Laulanié, Henri de 亨利·德劳拉尼

Lenin, Vladimir Ilyich 弗拉基米尔·伊里奇·列宁

Liebig, Justusvon 尤斯图斯·冯·李比希

Lippit, Victor 维克托·利皮特

Little, Daniel 丹尼尔·利特尔

Long, Norman 诺曼·龙

Luxemburg, Rosa 罗莎·卢森堡

Malek, Nancy 南希·马利克

Mariátegui, José Carlos 何塞·卡洛斯·马里亚特吉

Martinez-Alier, Joan 霍安·马丁内斯－阿列尔

Mazoyer, Marcel 马塞尔·马佐耶

Mendras, Henri 亨利·孟德拉斯

Milone, Pierluigi 皮耶路易吉·米洛内

Mingay, Gordon Edmund 戈登·埃德蒙·明盖

Molina, González de 冈萨雷斯·德莫利纳

Moore, Barrington Jr. 巴林顿·摩尔

Mottura, Giovanni 乔瓦尼·莫图拉

Negri, Antonio 安东尼奥·奈格里

Netting, Robert 罗伯特·内廷

Norder, Luiz 路易斯·努德

Oostindie, Henk 亨克·奥斯廷迪

Osti, Giorgio 乔治·奥斯蒂

Ostrom, Elinor 埃莉诺·奥斯特罗姆

Toledo, Victor　维克托·托莱多

van Bath, Slicher Bernard Hendrik　斯利赫尔·贝尔纳德·亨德
里克·范巴思

van derWoude, John　约翰·范德沃德

Vijverberg, Aart　阿尔特·费韦贝赫

Visser, Jozef　约瑟夫·菲瑟

Vries, Egbert de　埃格伯特·德弗里斯

Ward, Marianne　玛丽安娜·沃德

Wartena, Doortje　多尔特耶·瓦尔特纳

Wiskerke, Johannes　约翰内斯·威斯凯尔克

Wit, Cees de　塞斯·德威特

Zanden, Jan Luiten van　扬·卢滕·范赞登

图书在版编目（CIP）数据

　　小农与农业的艺术：恰亚诺夫主义宣言／（荷）扬
·杜威·范德普勒格著；潘璐译；叶敬忠译校. -- 北
京：社会科学文献出版社，2020.6（2022.1 重印）
　　（农政与发展研究丛书）
　　书名原文：Peasants and the art of farming：a
Chayanovian manifesto
　　ISBN 978 - 7 - 5201 - 5306 - 5

　　Ⅰ.①小…　Ⅱ.①扬…　②潘…　③叶…　Ⅲ.①小农经
济 - 研究　Ⅳ.①F30
　　中国版本图书馆 CIP 数据核字（2019）第 169302 号

农政与发展研究丛书

小农与农业的艺术：恰亚诺夫主义宣言

著　　者／〔荷〕扬·杜威·范德普勒格（Jan Douwe van der Ploeg）
译　　者／潘　璐
译　　校／叶敬忠

出 版 人／王利民
组稿编辑／宋月华
责编编辑／韩莹莹
责编印制／王京美

出　　版／社会科学文献出版社·人文分社（010）59367215
　　　　　　地址：北京市北三环中路甲 29 号院华龙大厦　邮编：100029
　　　　　　网址：www.ssap.com.cn
发　　行／社会科学文献出版社（010）59367028
印　　装／三河市东方印刷有限公司

规　　格／开本：880mm × 1230mm　1/32
　　　　　　印　张：7.375　字　数：134 千字
版　　次／2020 年 6 月第 1 版　2022 年 1 月第 2 次印刷
书　　号／ISBN 978 - 7 - 5201 - 5306 - 5
著作权合同
登 记 号／图字 01 - 2020 - 0608 号
定　　价／68.00 元

读者服务电话：4008918866